AF501942

MUSÉE MORAL ET LITTÉRAIRE DE LA FAMILLE.

BLAISE PASCAL.

MUSÉE MORAL ET LITTÉRAIRE DE LA FAMILLE.

Chaque volume est orné d'un sujet gravé.

Adhémar le Templier; par l'abbé G***.
Alaf le Chevrier; par A. D'Aveline.
Amies de pension, nouvelle traduite de l'anglais.
Au foyer de la famille; par Thil-Lorrain.
Blaise Pascal; par A. Laurent.
Baguettes du petit tambour; par A. D'Aveline.
Chambre à la porte de fer; par A. D'Aveline.
Château de l'Aïeule; par H. Van Looy.
Chaumière de Haut-Castel; par E. Benoit.
Clef de la frégate; par A. D'Aveline.
Clémence, ou Dieu veille sur l'orpheline; par H. Van Looy.
Contrebandiers du Val-des-Trois-Hêtres; par A. D'Aveline.
Croix d'Orval; par Aymé Cécyl.
Dents de Jacques d'Armagnac; par A. D'Aveline.
Deux histoires de la chambre rouge; par A. D'Aveline.
Edouard Blackford, épisode de l'histoire d'Angleterre.
Epis de Ruth; par l'abbé S. Fouré.
Etoile de Tunis; par Ch. Raymond.
Ferme d'El-Harbi; par Arm. de Solignac.
Fille du Colon; par A. D'Aveline.
Fin tragique des persécuteurs de l'Eglise; par l'abbé Ricard.
Fleurs de la vie de pension; par H. Van Looy.
Jean le casseur de pierres; par Von Ambach.
Jean Sobieski; par l'abbé Guenot.
Lances de Lynwood; par J.-W. Parker.
Maximilien, empereur du Mexique; par A. Laurent.
Neveu de l'ingénieur; par le doct. Olivier.
Olivier Cromwell; par Von Ambach.
Pie IX, ses gloires, ses épreuves; par l'abbé Hovine.
Père Laval; par James Mac'Sherry.
Périls de Percival; par De Courson.
Ravin des loups; par A. D'Aveline.
Récits anecdotiques et moraux; par H. Van Looy.
Rupert le Braconnier; par Von Ambach.
Scander-Bey; par C. Guenot.
Sire Evrard; par René De Maricourt.
Trésor de l'île des Flibustiers; par A. D'Aveline.
Un esprit et un Cœur vivifiés par le catholicisme; par l'abbé Fouré.
Vengeance d'un ci-devant; par D'Arioul.
Ville des morts; par Gerbée.
Village des Alchimistes; par A. D'Aveline.

Cette collection s'augmentera de nouveaux volumes.

BLAISE PASCAL.

BLAISE PASCAL

ESQUISSE BIOGRAPHIQUE

ET

PENSÉES CHOISIES

PAR

A. LAURENT,

auteur de *Deux humilités illustres*, etc., etc.

PARIS
LIBRAIRIE INTERNATIONALE CATHOLIQUE
Rue Bonaparte, 66

LEIPZIG
L.-A. KITTLER, COMMISSIONNAIRE
Querstrasse, 34

Vve H. CASTERMAN
ÉDITEUR PONTIFICAL, IMPRIMEUR DE L'ÉVÊCHÉ
TOURNAI
1873

PREMIÈRE PARTIE.

BLAISE PASCAL.

BLAISE PASCAL

I

JEUNESSE DE PASCAL.

Il n'est pas, dans nos annales littéraires, de vie plus diversement racontée et plus travestie que celle de Blaise Pascal. Depuis Voltaire et Condorcet jusqu'à Cousin et Sainte-Beuve, tous les ennemis de la religion catholique ont cherché à peindre comme *superstitieux*, *fou* et *sceptique universel* celui que Châteaubriand a si bien nommé « un effrayant génie. » Le même procédé de dénigrement et de calomnies a, du reste, été employé à l'égard de tous les apologistes de nos saintes croyances; l'impiété flétrit leurs personnes pour annuler la puissance et les effets de leurs œuvres. Le jour vient où la ruse est découverte, et pleine justice est enfin rendue aux victimes de la haine voltairienne.

Notre but ne peut être de réfuter tour à tour les ridicules accusations portées contre la mémoire de Pascal; elles tombent d'elles-mêmes en face des faits historiques et des documents que nous ont laissés ses deux sœurs, Jacqueline et Gilberte, et sa nièce Marguerite Perier. La sincérité de ces nobles femmes brave tout soupçon et l'on trouve à peine, dans leurs naïfs récits, cette exagération enthousiaste dont l'amour fraternel est rarement exempt!

Blaise Pascal naquit, le 19 juin 1623, à Clermont, où son père Etienne occupait la charge de président à la Cour des Aides. Il n'avait que trois ans lorsqu'il perdit sa mère Antoinette Begon, femme d'un rare mérite, et, en 1631, sa famille quitta la capitale de l'Auvergne pour fixer sa résidence à Paris. Sous la direction de son père, qui fut son unique professeur, l'étude devint à ses yeux un pur amusement et une récompense; il recherchait avec ardeur ce que les enfants de son âge regardent ordinairement comme un supplice. Cette éducation, faite avec amour et entourée des vives sympathies de ses sœurs; cette enfance écoulée sous les yeux du meilleur des pères et du plus habile maître; ces succès précoces et cette vie sans tache eurent une large part dans les événements que nous allons raconter. L'éducation publique eût peut-être préservé Blaise Pascal des fautes légères et des bizarreries de caractère, dont on a singulièrement exagéré l'importance; cet esprit supérieur aurait beaucoup gagné au contact des natures médiocres et à la vie de collége; il aurait trouvé, au milieu de nombreux condisciples, ce que l'on ne rencontre pas dans le cercle étroit de la famille : l'émulation et la connaissance des hommes.

De bonne heure, il se fit remarquer par de spirituelles reparties, par des questions incessantes sur l'origine et la nature de toutes choses, et par l'envie d'approfondir les sciences les plus abstraites. Loin de ressembler à ces prodiges qui donnent tout leur éclat en un seul jour, il confirma de plus en plus les espérances basées sur le début de ses études, de sorte que, par son raisonnement, son savoir et ses goûts il était fort au-dessus de son âge. Dans l'éducation de son fils, Etienne Pascal s'était proposé de le tenir constamment en haleine, de le rendre capable de saisir le motif de ses travaux et la solution de toutes les difficultés scientifiques. Il ne lui enseignait une langue, le latin ou le grec, qu'après lui avoir longuement expliqué le mécanisme et la théorie des règles grammaticales, avec leurs exceptions principales. L'élève avait donc l'esprit toujours satisfait et supérieur à l'objet de ses recherches.

Cette habitude de la réflexion était soutenue par les causeries de famille, où l'on s'entretenait des merveilles de la nature, des découvertes de l'industrie, de la poudre à canon et des autres prodiges de la science, dont les effets surprennent la jeunesse. Blaise voulait à tout prix connaître le secret des énigmes posées devant lui, et lorsque son père ne pouvait lui donner des explications satisfaisantes, il ne se contentait pas des réponses plus ou moins évasives. Aussitôt il cherchait lui-même, sans trêve ni relâche, la solution du problème et ne paraissait heureux que lorsqu'il l'avait trouvée et démontrée jusqu'à l'évidence.

A l'âge de douze ans, il remarqua, à table, le mouvement d'un convive qui frappait un plat de faïence avec un couteau et produisait un son continu tant qu'on n'interrompait pas les vibrations sonores par l'application de la main sur la faïence. Pour en découvrir la cause, il s'adonna à des réflexions et à des expériences avec un tel succès qu'il publia un véritable traité sur les sons, ouvrage perdu aujourd'hui, mais très-apprécié de ses contemporains.

Ce fut à la même époque qu'en traçant des barres et des ronds, il devina et trouva la géométrie. La maison paternelle était le rendez-vous d'un certain nombre de savants distingués et surtout de mathématiciens, tels que le Père Mersenne, condisciple et ami de Descartes; M. de Roberval, Mydorge, Carcavi et Le Pailleur; elle devint le berceau de l'Académie des sciences, dont l'existence ne fut sanctionnée qu'en 1666. Etienne Pascal avait recommandé à ses illustres amis de ne jamais parler de questions mathématiques en présence de son fils, pour ne pas le distraire de l'étude des langues. Il ferma avec soin dans son cabinet tous les livres qui en traitaient, et dont il faisait lui-même une lecture approfondie; aussi l'expérience lui avait-elle appris combien les sciences exactes absorbent l'esprit humain et l'impression qu'elles ne manqueraient pas de produire sur la vive intelligence de son cher disciple. Quand ce dernier lui demandait de satisfaire sa curiosité et de lui apprendre les mathématiques, il lui promettait cette étude mystérieuse comme une récompense, le jour où il posséderait parfaitement les langues anciennes. Pour se délivrer de ses obsessions continuelles, il lui dit en peu de mots que la géométrie enseignait l'art de faire des figures justes et de trouver les proportions qu'elles avaient entre elles, mais en même temps il lui défendit d'y songer davantage et d'en parler jamais.

Cette simple définition fut le trait de lumière qui illumina le génie de l'enfant et le mit sur la voie d'une découverte extraordinaire. Blaise entrevoyait vaguement un monde inconnu qu'on lui interdisait d'explorer; il s'élança à sa recherche sans autre boussole que son imagination de douze ans et il toucha bientôt au port. Pendant ses heures de récréation, il s'enfermait seul dans la salle de jeux pour y rêver à la géométrie, dont le langage et les principes lui étaient complètement étrangers. Le nouvel Archimède traçait avec du charbon des figures sur le plancher et s'efforçait de faire un cercle parfaitement rond, ou un triangle dont les côtés et les angles fussent égaux. Il créa lui-même, pour son usage, des termes, des définitions et des axiomes; se rendant compte de ses calculs et arrivant d'une découverte à l'autre par des démonstrations rigoureuses. Il enchaina si bien les différents anneaux de la plus difficile des sciences qu'il arriva jusqu'à la trente-deuxième proposition d'Euclide, chef de l'école mégarique. Deux procédés sont aujourd'hui en usage pour la solution de ce problème; celui des parallèles a paru si simple à certains auteurs qu'ils n'ont trouvé rien d'étonnant dans l'invention de Blaise Pascal, mais ces critiques ne remarquent ni l'âge, ni la situation du mathématicien improvisé.

Il était si préoccupé de ses calculs qu'il ne s'aperçut point de la présence de son père qui entra subitement dans la chambre. On se demande lequel des deux éprouva une plus vive émotion, du fils surpris en flagrant délit de désobéissance ou du père témoin des progrès merveilleux de son élève. Etienne Pascal n'eut pas le courage de lui adresser une réprimande quand il l'entendit expliquer, en termes exacts quoique peu scientifiques, par quelle série d'opérations il était arrivé à la démonstration de théorèmes, que les mathématiciens de profession pouvaient seuls comprendre. Cet heureux père sortit de l'appartement sans dire un mot, et courut chez Le Pailleur, son docte ami, qu'il aborda en versant un torrent de larmes. Le Pailleur le conjura de lui confier la cause de son chagrin et de ne pas se laisser abattre par l'infortune. Etienne Pascal, transporté hors de lui-même, lui répondit enfin : « Je ne pleure pas d'affliction, mais de joie. Vous savez les soins que j'ai pris pour ôter à mon fils la connaissance de la géométrie, de peur de le détourner de ses autres études : cependant voici ce qu'il a fait. » Et il lui montra par quels efforts un enfant de douze ans avait, en quelque sorte, inventé la géométrie. Le Pailleur, doué lui-même des talents les plus divers pour les mathématiques, la musique et la poésie, s'écria dans son admiration qu'il serait injuste de captiver plus longtemps cet esprit prodigieux et de le priver d'un puissant auxiliaire, c'est-à-dire des livres spéciaux où toutes les découvertes des anciens se trouvaient consignées.

Blaise eut dès lors en sa possession les *Eléments d'Euclide*, qu'il s'engagea à lire seulement à ses heures de loisir. Il les comprit tout seul, sans avoir besoin d'aucune explication, car il croyait lire l'histoire de ses propres recherches. Son esprit inventif allait au-delà des limites de l'ouvrage et s'ouvrait à lui-même des horizons nouveaux. Admis dès lors dans l'intimité et la réunion des savants de Paris, Blaise assistait à toutes les conférences, où l'on examinait les travaux publiés par les écrivains français et étrangers, les propositions et les questions adressées de toutes les parties de l'Europe par les professeurs d'Italie ou d'Allemagne. Il y donnait son avis sur les points les plus ardus de la science et se faisait écouter des vétérans qui avaient blanchi dans l'étude, en leur signalant des fautes demeurées inaperçues dans les traités classiques. Rien ne pouvait le satisfaire que la vérité et, pour la découvrir, il possédait un tact parfait; cette passion du vrai, dont la beauté n'est que la splendeur, anima sa vie entière et le préserva des illusions de l'amour-propre et des atteintes de la subtilité sophistique.

Malgré l'accablement où le plongeaient les autres études, malgré le peu de temps qu'il lui était permis de consacrer aux mathématiques, il trouvait tant de jouissances dans les résultats positifs de la géométrie qu'il s'en occupait comme malgré lui. Il n'avait encore que seize ans lorsqu'il écrivit un *Traité des sections coniques*, si bien raisonné que depuis Archimède on n'avait rien vu de cette force, dit la chronique. Les hommes les plus experts, après en avoir pris connaissance, pressèrent le jeune auteur d'imprimer son travail, mais Blaise cherchait si peu la gloire qu'il se refusa cette satisfaction. L'analyse seule de ce traité se trouve dans ses œuvres complètes, sous le titre d'*Essais pour les coniques*.

Descartes, à qui le Père Mersenne en adressa une copie, regarda comme naturel qu'il se trouvât des gens capables de démontrer les coniques plus aisément qu'Apollonius, célèbre géomètre de la Grèce, parce que cet ancien est long et embarrassé et que tout ce qu'il a démontré est en soi-même assez facile. Puis il ajouta qu'il pourrait bien proposer autres choses touchant les coniques qu'un enfant de seize ans aurait de la peine à démêler. La jalousie du philosophe se sentait humiliée et ne lui permettait pas de dissimuler son dépit : les grands hommes sont parfois sujets aux petites misères de l'humanité ! Après un nouvel examen, il déclara, malgré les preuves du contraire et les assertions réitérées du Père Mersenne, que cet ouvrage n'était point le fait du jeune Pascal, mais de son père Etienne Pascal, ou de Desargues. L'auteur avait, du reste, loyalement reconnu les emprunts faits à ses devanciers. « Le premier inventeur, disait-il dans sa préface, est M. Desargues, lyonnais, un des plus grands esprits de ce temps et des plus versés aux mathématiques, et entre autres aux coniques, dont les écrits sur cette matière, quoiqu'en petit nombre, en ont donné un ample témoignage à ceux qui auront voulu en recevoir l'intelligence. Je veux bien avouer que je dois le peu que j'ai trouvé sur cette matière à ses écrits, et que j'ai tâché d'imiter, autant qu'il m'a été possible, sa méthode sur ce sujet. » Ce Desargues, né à Lyon en 1593, embrassa d'abord la carrière militaire et se trouva près du cardinal de Richelieu, au siége de La Rochelle, en compagnie de Descartes, et d'autres illustres mathématiciens; il consacra aux découvertes scientifiques la plus grande partie de sa vie.

Blaise Pascal se délassait de l'étude des langues anciennes, de la philosophie et de la physique par de nouvelles expériences, dont il parlait avec son père pendant la récréation et même pendant les repas, afin d'utiliser tous les instants de sa vie. Une circonstance providentielle, en menaçant la tranquillité de sa famille, lui fournit l'occasion, à dix-huit ans, d'inventer la célèbre machine arithmétique, dont on a fait depuis tant de contrefaçons.

En 1638, l'année où Louis XIII consacra solennellement la France à la sainte Vierge, et où naquit Louis XIV, le gouvernement fut contraint, pour réparer les maux de la guerre, d'ordonner une diminution considérable des rentes établies sur l'hôtel-de-ville de Paris. Tous les bourgeois, menacés dans leur fortune, par cette mesure, se réunirent pour adresser une protestation chez le chancelier Seguier. Etienne Pascal était du nombre; prévenu secrètement que Richelieu avait donné l'ordre de l'enfermer à la Bastille, il prit la fuite et se cacha en Auvergne chez un de ses amis. Sa fille aînée, Gilberte, le remplaça, à Paris, auprès de ses autres enfants. A cette même époque, la duchesse d'Aiguillon voulut représenter une pièce de Scudéry, intitulée *L'amour tyrannique*, en présence de son oncle, le cardinal Richelieu, qui aimait beaucoup les délassements dramatiques. Elle donna le principal rôle à Jacqueline Pascal, réputée déjà artiste et poète. Cette spirituelle enfant s'en acquitta à merveille et profita habilement de la circonstance pour demander la grâce de son père dans un compliment en vers adressé au puissant cardinal. Celui-ci se laissa facilement attendrir et voulut voir le père d'une telle enfant. Lorsque Etienne Pascal lui présenta ses actions de grâce, Richelieu lui dit : « Veillez sur vos enfants, j'en veux faire quelque chose de grand. » Et il le nomma à l'intendance de Rouen.

Cet emploi, qu'il remplit pendant neuf années, nécessitait de longues opérations de calcul, auxquelles il initia son fils. Ce labeur constant et pénible de chaque jour ne pouvait-il pas être abrégé? la science donnerait-elle le moyen de faciliter les comptes dans la perception des tailles? Blaise se posa hardiment cette question et parvint à la résoudre en peu de temps, par l'invention de la machine arithmétique. Il en raconte lui-même l'histoire dans un *Avis nécessaire à tous ceux qui auront la curiosité de voir la machine arithmétique et de s'en servir.* Pour la combiner et l'exécuter, il rencontra plusieurs obstacles : l'inintelligence des ouvriers dont il fallait nécessairement s'assurer le concours et le secret, la contrefaçon qui s'empara de sa découverte et la difficulté de rendre sa machine à la fois solide, prompte et commode. Le chancelier Seguier lui obtint un *privilége du Roi*, ou brevet d'invention, en 1669, et prit sous son patronage l'œuvre et l'inventeur. On ne peut guère donner par écrit une idée exacte de la machine arithmétique de Pascal; elle exécutait tous les calculs sans autre secours que ceux des yeux et de la main. Composée d'une multitude de barillets sur lesquels étaient gravés des chiffres, rangés en certain ordre particulier, elle présentait à de petites cases en forme de fenêtres tous les chiffres nécessaires aux calculs, selon le mouvement qu'on imprimait au mécanisme. Leibnitz s'occupa de la perfection de la machine arithmétique ; après lui, l'anglais Babbage la rendit capable de calculer le mouvement des astres et le retour des éclipses. Elle est devenue inutile depuis l'invention des logarithmes par Neper et Briggs, mais elle n'atteste pas moins le génie de Pascal, dont tous les travaux avaient un but d'utilité publique. C'est à lui que nous devons la découverte de la chaise roulante à bras d'homme, connue sous le nom de vinaigrette ou brouette et du haquet, char à longs brancards, par la combinaison du levier et du plan incliné. On dira peut-être que ces dernières inventions sont fort simples, mais encore fallait-il en avoir l'idée !. .

Pascal fit hommage de sa machine arithmétique à l'illustre fille de Gustave-Adolphe, à Christine de Suède, en lui écrivant qu'il plaçait la royauté scientifique au-dessus de la royauté politique, qu'il s'estimait heureux de rencontrer en elle ces deux titres réunis et qu'il s'avouait sujet fidèle de Christine, reine et protectrice de la science. Il avait quelque raison de vanter ses propres études scientifiques, car elles firent du reste de sa vie un douloureux martyre. Les fatigues et les efforts que lui coûta la machine arithmétique ébranlèrent pour toujours sa santé délicate. Il avoua lui-même que depuis l'âge de dix-huit ans, il n'avait pas passé un seul jour sans souffrance.

Le génie étouffe souvent, chez les grands hommes, les qualités du cœur ; dans Pascal il servit, au contraire, à les mettre en relief. Cet esprit élevé demeurait chrétien convaincu ; par une protection spéciale de Dieu il fut préservé de tous les vices de la jeunesse et de l'incrédulité en matière de religion, humiliant sa raison devant les enseignemens de la foi et de l'Eglise. « Il m'a dit plusieurs fois, raconte sa sœur Gilberte, devenue madame Perier, qu'il joignait cette obligation à toutes les autres qu'il avait à mon père, qui, ayant lui-même un très-grand respect pour la religion, le lui avait inspiré dès l'enfance, lui donnant pour maxime que tout ce qui est l'objet de la foi ne le saurait être de la raison, et beaucoup moins y être soumis. Ces maximes qui lui étaient souvent réitérées par un père pour qui il avait une très-grande estime, et en qui il voyait une grande science accompagnée d'un raisonnement fort net et fort puissant, faisaient une si grande impression sur son esprit, que quelques discours qu'il entendit faire aux libertins, il n'en était nullement ému ; et quoiqu'il fût fort jeune, il les regardait comme des gens qui étaient dans ce faux principe, que la raison humaine est au-dessus de toutes choses, et qui ne connaissent pas la nature de la foi ; et ainsi cet esprit si grand, si vaste et si rempli de curiosités, qui cherchait avec tant de soin la cause et la raison de tout, était en même temps soumis à toutes les choses de la religion comme un enfant; et cette simplicité a régné en lui toute sa vie : de sorte que depuis même qu'il se résolut de ne plus faire d'autre étude que celle de la religion, il ne s'est jamais appliqué aux questions curieuses de la théologie,[1] et il a mis toute la force de son esprit à connaître et à pratiquer la perfection de la morale chrétienne, à laquelle il a consacré tous les talents que Dieu lui avait donnés, n'ayant fait autre chose dans tout le reste de sa vie que méditer la loi de Dieu jour et nuit. »

La pureté des mœurs est récompensée par la foi, tandis que l'inconduite précède habituellement l'incrédulité. Plus on avance dans la carrière du bien, plus la foi devient forte. Un homme dit un jour à Pascal : « Oh ! si j'avais de la foi, combien ma conduite serait bonne ! » Pascal lui répondit doucement : « Commencez par vous bien conduire, la foi viendra. » On est heureux de voir la religion pratiquée et défendue par les plus grands génies; les vrais savants, comme Pascal, n'hésitèrent jamais entre la vérité et l'erreur et justifièrent tous les mots de Bacon : Un peu de science éloigne de Dieu, beaucoup de science y ramène !

(1) Gilberte, dans ce récit, oublie que la raison, éclairée par la foi, peut s'exercer sur des sujets appartenant à la foi et qu'il serait faux de dire qu'en dehors des questions de morale la théologie ne contient que des *questions curieuses*.

II

LES DEUX CONVERSIONS.

Les rares intervalles de repos, que la maladie laissait à Pascal, étaient consacrés à de nouvelles découvertes. L'esprit travaillait sans relâche, alors même que le corps gémissait sous l'étreinte de la douleur. Les années 1646 et 1647 furent témoins des expériences sur la pesanteur de l'air et sur le vide, graves questions de physique demeurées obscures jusqu'à cette époque.

Le grand duc de Florence, Côme de Médicis, avait dans ses jardins une pompe aspirante qui faisait jaillir l'eau à trente-deux pieds au-dessus du bassin. Il ordonna vainement à ses fontainiers d'élever encore le niveau de l'eau par un jet plus puissant. Tous leurs efforts furent inutiles et la prétendue science, qui attribuait faussement l'ascension de l'eau dans les pompes à l'horreur qu'elle a du vide, se trouvait en défaut. On consulta le célèbre Galilée, dont la réponse évasive ou ironique n'expliqua point le phénomène; il prétendit que la nature n'avait horreur du vide que jusqu'à une hauteur de trente-deux pieds. Son disciple Torricelli, inventeur du baromètre et des microscopes, comprit que la pesanteur de l'air est la cause de tous les effets attribués à l'horreur du vide par les anciens systèmes, mais la mort ne lui permit pas de publier les résultats de sa découverte, véritable révolution dans les sciences physiques.

Pascal, de son côté, arrivait au même résultat; dans un opuscule intitulé : *Expériences sur le vide*, il se hâta de consigner brièvement le fruit de ses recherches. « Ayant fait, dit-il, ces expériences avec beaucoup de frais, de peine et de temps, j'ai craint qu'un autre, qui n'y aurait employé le temps, l'argent, ni la peine, me prévenant, ne donnât au public des choses qu'il n'aurait pas vues, et lesquelles, par conséquent, il ne pourrait pas rapporter avec l'exactitude et l'ordre nécessaires pour les déduire comme il faut : n'y ayant personne qui ait eu des tuyaux et des siphons de la longueur des miens, et peu qui voulussent se donner la peine nécessaire pour en avoir. Et comme les honnêtes gens joignent à l'inclination générale qu'ont tous les hommes de se maintenir dans leurs justes possessions, celle de refuser l'honneur qui ne leur est pas dû, vous approuverez sans doute que je me défende également, et de ceux qui voudraient m'ôter quelques-unes des expériences que je vous donne ici, et que je vous promets dans le traité entier, puisqu'elles sont de mon invention; et de ceux qui m'attribueraient celle d'Italie dont je vous ai parlé, puisqu'elle n'en est pas. Car encore que je l'aie faite en plus de façons qu'aucun autre, et avec des tuyaux de douze et même de quinze pieds de long, néanmoins je n'en parlerai pas seulement dans ces écrits, parce que je n'en suis point l'inventeur; n'ayant dessein de donner que celles qui me sont particulières et de mon propre génie. » Pascal avait raison de revendiquer ses découvertes que la jalousie commençait déjà à lui ravir.

Un nouvel écrit sur les *Expériences touchant le vide* fut attaqué par le recteur du collége de Paris, avec des arguments pitoyables au point de vue de la logique et des sciences exactes. La querelle s'envenima, après un échange de quelques lettres et finit par devenir très-violente. Pascal donna de vertes leçons à l'ignorant recteur; le jeune homme de vingt-quatre ans réfuta les assertions du P. Noël avec cette ironie éloquente, qu'il retrouva plus tard dans les *Provinciales*. Son père, Etienne Pascal, écrivit lui-même au recteur pour lui reprocher poliment ses odieux procédés : « Quoique je ne sois pas assez heureux pour avoir le bien de votre connaissance, disait-il, je ne puis vous dissimuler que vous l'avez été beaucoup d'avoir entrepris, à si bon marché, de vous commettre en style d'injures contre un jeune homme, qui, se voyant provoqué sans sujet, je dis sans aucun sujet, pouvait, par l'amertume de l'injure et par la témérité de l'âge, se porter à repousser vos invectives, de soi très-mal établies, en termes capables de vous causer un éternel repentir. Vous me direz peut-être que vous n'eussiez pas demeuré sans répartie. Mais estimez-vous qu'il fût de sa part demeuré dans le silence? Et ainsi où eût été le bout de ce beau combat? » Le P. Noël demeura confondu, mais quelques-uns de ses confrères les Jésuites du collége de Clermont contestèrent de nouveau à Pascal sa découverte de la pesanteur de l'air; c'est pour leur répondre par un fait péremptoire qu'il entreprit l'expérience du Puy-de-Dôme.

Le 19 septembre 1648, il réduisit en certitude parfaitement démontrée les conjectures de Galilée et de Toricelli. Puisque la pesanteur produit l'ascension du mercure dans le baromètre, la hauteur du mercure diminuera à mesure qu'on s'élève dans l'espace, quand la pression atmosphérique devient plus légère. Pascal s'assura de ce fait, qui nous paraît aujourd'hui fort simple, par trois expériences successives, sur les monts d'Auvergne, à la tour de Saint-Jacques-la-Boucherie et dans sa maison. Il chargea en outre son beau frère Perier de poursuivre de nouvelles expériences sur les élévations du mercure, au Puy-de-Dôme, tandis que deux autres de ses amis faisaient le même travail à Paris et à Stockholm. Le résultat de tant de recherches fut le perfectionnement des baromètres.

Un compte-rendu très-explicite de l'expérience du Puy-de-Dôme et le *Traité de la pesanteur de l'air* initièrent le monde savant aux conquêtes faites sur les secrets de la nature.

Un autre traité sur l'*Equilibre des liqueurs* posa les principes fondamentaux de l'hydrostatique et résolut un problème dont Archimède n'avait qu'entrevu la solution. Pascal composa en latin plusieurs petits ouvrages de mathématiques sur la mécanique, les puissances des nombres et le triangle arithmétique, dont il enseigna l'usage pour *déterminer les partis qu'on doit faire entre deux joueurs qui jouent en plusieurs parties.* Malgré ses succès, il professait un certain mépris pour les froides sciences du calcul, car il écrivait à son ami Pierre Fermat, conseiller au parlement de Toulouse, et un de nos géomètres les plus célèbres : « Pour vous parler franchement de la géométrie, je la trouve le plus haut exercice de l'esprit ; mais en même temps je la connais pour si inutile, que je fais peu de différence entre un homme qui n'est que géomètre et un habile artisan. Aussi je l'appelle le plus beau métier du monde ; et j'ai dit souvent qu'elle est bonne pour faire l'essai, mais non pas l'emploi de notre force ; de sorte que je ne ferais pas deux pas pour la géométrie, et je m'assure que vous êtes fort de mon humeur. » Un violent mal de dents lui donna l'occasion, pendant ses longues insomnies, de résoudre le fameux problème *de la roulette.*

Il a dit lui-même que la roulette n'est autre chose que le chemin que fait en l'air le clou d'une roue, quand elle roule de son mouvement ordinaire, depuis que ce clou commence à s'élever de terre, jusqu'à ce que le roulement continu de la roue l'ait rapporté à terre, après un tour entièrement achevé : supposant que la roue est un cercle parfait, le clou un point dans sa circonférence, et la terre parfaitement plane. La Roulette, surnommée l'*Hélène des géomètres*, causa parmi eux de nombreuses querelles. Mersenne, Galilée, Roberval, Beaugrand, Descartes, Toricelli étudièrent les propriétés de cette courbe pendant quatorze ans, sans arriver à les découvrir toutes. Après huit jours de réflexions, Pascal mit en ordre ses calculs nocturnes et les soumit à ses amis qui, d'une commune voix, l'engagèrent à proposer ses problèmes, dans un concours, à tous les savants de l'Europe. Ou ils réussiront à les expliquer, lui disait-on, et la première gloire vous en reviendra pour l'avoir fait avant eux ; ou ils n'y parviendront pas, et vous passerez pour le premier géomètre du monde ; dans les deux cas, ce concours prouvera l'accord de la science et de la religion et montrera qu'on peut être à la fois chrétien soumis à l'Eglise et géomètre habile.

Sous le pseudonyme d'Amos Dettonville, Pascal publia le programme du concours qui devait durer trois mois, depuis le premier juillet 1658 jusqu'au premier octobre. Le vainqueur par ordre de mérite et de date obtiendrait soixante pistoles ; si deux émules obtenaient le prix, la somme leur serait partagée. Les concurrents se présentèrent en grand nombre, mais ils ne traitèrent pas les questions dans le sens du règlement. « J'ai trouvé, dit Pascal, de belles choses dans leurs lettres, et des manières fort subtiles de mesurer le plan de la Roulette, et entre autres dans celles de M. Sluze, chanoine de la cathédrale de Liége ; de M. Ricci, romain ; de M. Huguens, hollandais ; de M. Wren, anglais. » Le père Lalouère, jésuite, et l'anglais Wallis concoururent seuls pour les matières indiquées dans le programme ; aussi crièrent-ils à l'injustice quand on leur refusa le prix, que les juges déclarèrent n'avoir été mérité par personne. Tous les deux, dans leur dépit, publièrent un traité de la Roulette ou de la Cycloïde ; Pascal leur répondit par des sarcasmes et par des preuves écrasantes de leur incapacité.

Le génie scientifique de Pascal est incontestable et a sa place spéciale dans la *famille des grandes intelligences*. Nous n'entrons pas dans la futile question, traitée par tant de rhéteurs, de savoir s'il faut le mettre au-dessus de Descartes ou de tel autre de nos savants, car, ce nous semble, le génie est un don de Dieu, que l'on ne mesure pas et qui se trouve rarement identique chez deux créatures. La mémoire de Pascal était si fidèle qu'il affirma n'avoir jamais rien oublié de ce qu'il avait voulu retenir. Ses auteurs favoris étaient : la Bible, qu'il possédait tout entière par cœur, Epictète et

Montaigne; mais sa vive imagination et son esprit actif lui tenaient lieu de la plus vaste bibliothèque!

A l'époque de sa première conversion, que nous allons raconter, il dit adieu aux études abstraites de sa jeunesse. « La science des choses extérieures, écrivait-il, ne me consolera pas de l'ignorance de la morale au temps de l'affliction; mais la science des mœurs me consolera toujours de l'ignorance des choses extérieures. J'avais passé longtemps dans l'étude des sciences abstraites, et le peu de communication qu'on en peut avoir m'en avait dégoûté. Quand j'ai commencé l'étude de l'homme, j'ai vu que ces sciences abstraites ne lui sont pas propres et que je m'égarais plus de ma condition en y pénétrant, que les autres en les ignorant : j'ai pardonné aux autres d'y peu savoir. » Toute l'énergie de cette âme pleine d'ardeur va donc se porter sur les questions morales et religieuses!

Un accident arrivé au père de Pascal, en 1646, le mit en rapports suivis avec les frères Bailleuls, zélés jansénistes, qui voulurent guérir en même temps et le corps et l'âme. Ils lui firent lire les écrits de Jansénius, de Saint-Cyran, d'Arnauld et des autres patriarches de la secte. Toute sa famille goûta ces enseignements austères et résolut dès lors de mener une vie plus parfaite. Son fils surtout fut si touché de cette connaissance du monde ascétique qu'il se voua sans réserve au service de Dieu et à l'unique chose nécessaire, au soin de son salut éternel. Il devint l'apôtre de son entourage, de son père, de sa sœur aînée, madame Perier, de son beau-frère, et de sa jeune sœur Jacqueline: il les mit tous sous la conduite de Guillebert, curé de Rouville, et passa lui-même pour le plus exalté des *Rouvillistes.*

Sur ces entrefaites, il montra son zèle pour la religion et son horreur pour les hérésies dans ce qu'on a appelé l'affaire du Frère Saint-Ange. Ce professeur de philosophie réunissait, autour de sa chaire, une multitude d'auditeurs par l'excentricité de ses doctrines; il avança même que le corps de Jésus-Christ n'avait pas été formé du sang de la sainte Vierge, mais d'une autre matière créée pour cela. Pascal alla l'entendre avec deux de ses amis; il lui fit aussitôt remarquer que son erreur était formellement condamnée par les décisions de l'Eglise, mais ce fut en pure perte. Après l'avoir averti de nouveau, il dénonça à M. de Belley, administrateur apostolique du diocèse de Rouen, une doctrine qui corrompait la foi de la jeunesse. Le F. Saint-Ange, mandé auprès du prélat, signa un désaveu fort équivoque et poursuivit le cours de son enseignement. Pascal, avec ses amis, alla trouver l'archevêque lui-même, qui, sur ses instances, fit rétracter au F. Saint-Ange, en présence d'un conseil de théologiens, toutes ses propositions hétérodoxes. Les philosophes du siècle dernier et quelques écrivains de notre temps ont fait un crime énorme à Pascal d'avoir poursuivi le F. Saint-Ange, mais ce dernier ne se plaignit pas de l'acte de charité qui le retint sur les bords de l'abîme de l'hérésie et, après sa rétractation solennelle, il en témoigna beaucoup de contentement.

Les mêmes écrivains ont faussement parlé d'une seconde conversion de Pascal qui, d'après eux, aurait oublié sa ferveur primitive et recherché les séductions du monde, auxquelles il avait renoncé si généreusement. La vérité est que la maladie et le conseil des médecins l'obligèrent à se départir des rigueurs de son genre de vie habituelle et à chercher un peu de soulagement corporel, au milieu des distractions. On lui avait interdit d'appliquer son esprit aux études sérieuses, sous peine de voir l'augmentation progressive de ses souffrances. Ses membres étaient engourdis et incapables de soutenir le poids de son corps ; pour combattre la froideur glaciale de ses pieds, il portait des chaussons imbibés d'eau-de-vie. Il ne pouvait pas faire le moindre mouvement sans le secours de deux béquilles, ni avaler aucune boisson, excepté quelques tisanes chaudes, mais encore goutte à goutte. Sa tête semblait rongée par un mal inconnu, tandis qu'un feu embrasait ses entrailles. Par ordre des médecins, il prenait, tous les deux jours, les purgatifs les plus violents, dont il savourait en quelque sorte l'amertume, puisqu'il ne les absorbait qu'à petites doses. Aucune plainte ne s'échappait de ses lèvres pendant ce douloureux et continuel supplice, tandis que les assistants versaient des larmes de compassion.

Le 17 octobre 1651, il écrivit au sujet de la mort de son père une admirable lettre à sa sœur et à son beau-frère Perier. Aucun de ses écrits ne respire une foi plus vive et un cœur plus chrétien ; nous en détachons quelques fragments. Il indique la volonté de Dieu, Jésus-Christ et les saints livres comme la véritable source de toute consolation. « Considérons la mort en Jésus-Christ. Sans lui elle est horrible, elle est détestable et l'horreur de la nature. En Jésus-Christ elle est tout autre, elle est aimable, sainte et la joie du fidèle. Tout est doux en Jésus-Christ jusqu'à la mort ; et c'est pourquoi il a souffert et est mort pour sanctifier la mort et les souffrances : et comme Dieu et comme homme, il a été tout ce qu'il y a de grand et tout ce qu'il y a d'abject, afin de sanctifier en soi toutes choses, excepté le péché, et pour être le modèle de toutes les conditions... Il n'est pas juste que nous soyons sans ressentiment et sans douleur dans les afflictions et les accidents fâcheux qui nous arrivent, comme des anges qui n'ont aucun sentiment de la nature ; il n'est pas juste aussi que nous soyons sans consolation, comme des païens qui n'ont aucun sentiment de la grâce ; mais il est juste que nous soyons affligés et consolés comme chrétiens, et que la consolation de la grâce l'emporte par-dessus les sentiments de la nature, afin que la grâce soit non-seulement en nous, mais victorieuse en nous ; qu'ainsi en sanctifiant le nom de notre Père, sa volonté devienne la nôtre ; que sa grâce règne et domine sur la nature, et que nos afflictions soient comme la matière d'un sacrifice que sa grâce consomme et anéantisse pour la gloire de Dieu, et que ces sacrifices particuliers honorent et préviennent le sacrifice universel où la nature entière doit être consommée par la puissance de Jésus-Christ.

» Puisqu'il est véritable que la mort du corps n'est que l'image de celle de l'âme, et que nous bâtissons sur ce principe, que nous avons sujet d'espérer du salut de ceux dont nous pleurons la mort, il est certain que, si nous ne pouvons arrêter le cours de notre tristesse et de notre déplaisir, nous devons en tirer ce profit, que, puisque la mort du corps est si terrible qu'elle nous cause de tels mouvements, celle de l'âme devrait nous en causer de plus inconsolables. Dieu a envoyé la première à ceux que nous regrettons, mais nous espérons qu'il a détourné la seconde. Considérons donc la grandeur de nos biens dans la grandeur de nos maux et que l'excès de notre douleur soit la mesure de celle de notre joie. Il n'y a rien qui puisse la modérer, sinon la crainte que leurs âmes ne languissent pour quelque temps dans les peines qui sont destinées à purger le reste des péchés de cette vie, et c'est pour fléchir la colère de Dieu sur eux que nous devons soigneusement nous employer. La prière et les sacrifices sont un souverain remède à leurs peines. Mais une des plus solides et des plus utiles charités envers les morts est de faire les choses qu'ils nous ordonneraient, s'ils étaient encore au monde et de nous mettre pour eux en l'état auquel ils nous souhaitent à présent. Par cette pratique nous les faisons revivre en nous, en quelque sorte, puisque ce sont leurs conseils qui sont encore vivants et agissant en nous ; et comme les hérésiarques sont punis en l'autre vie des péchés auxquels ils ont engagé leurs sectateurs, dans lesquels leur venin vit encore ; ainsi les morts sont récompensés, outre leurs propres mérites, pour ceux auxquels ils ont donné suite par leurs conseils et leur exemple. »

Sa tendresse filiale lui fait trouver en son père un modèle à suivre : « Faisons-le revivre en nous de tout notre pouvoir et consolons-nous en l'union de nos cœurs dans laquelle il me semble qu'il vit encore et que notre réunion nous rende, en quelque sorte, sa présence, comme Jésus-Christ se rend présent en l'assemblée de ses fidèles. Je prie Dieu de former et maintenir en nous ces sentiments et de continuer ceux qu'il me semble qu'il me donne d'avoir pour vous et pour ma sœur plus de tendresse que jamais ; car il me semble que l'amour que nous avions pour mon père ne doit pas être perdu et que nous en devons faire une réfusion sur nous-mêmes, et que nous devons principalement hériter de l'affection qu'il nous portait, pour nous aimer encore plus cordialement, s'il est possible. »

Jacqueline Pascal nourissait, depuis plusieurs années, l'intention d'entrer dans le monastère de Port-Royal ; elle profita de la mort de son père pour rompre définitivement avec le monde. Pendant quatre années, elle attendit l'heure solennelle de la profession religieuse, que des intérêts de famille retardaient sans cesse. Grâce à la générosité et aux démarches de son frère, elle disposa de ses biens selon ses désirs et ne cessa de prier pour lui, du fond de sa retraite. De fréquentes visites les mettaient, du reste, en rapports très-intimes ; ils passaient de longues heures au parloir de la communauté, dans des entretiens spirituels.

La nouvelle religieuse, pleine de ferveur, voulut à tout prix détacher son frère des habitudes mondaines qu'il avait prises dans l'intérêt de sa santé ; elle lui était redevable du bienfait de sa vocation, et, avec cette reconnaissance si naturelle au cœur de la femme, il lui tardait de le voir heureux et absorbé par la pratique de la perfection chrétienne. Ses affectueuses exhortations ne demeurèrent pas longtemps stériles ; dès le mois de décembre 1654, elle annonçait cette bonne nouvelle à sa sœur aînée : « Il n'est pas raisonnable que vous ignoriez ce que Dieu opère dans la personne qui nous est si chère ; mais je désire que ce soit lui-même qui vous l'apprenne, afin que vous en puissiez moins douter. Tout ce que je vous puis dire, n'ayant pas de temps, c'est qu'il est, par la miséricorde de Dieu, dans un grand désir d'être tout à lui, sans néanmoins qu'il ait encore déterminé dans quel genre de vie ; et qu'encore qu'il ait depuis plus d'un an un grand mépris du monde et un dégoût presque insupportable de toutes les personnes qui en sont, ce qui le devrait porter selon son humeur bouillante à de grands excès, il use néanmoins en cela d'une modération qui me fait tout-à-fait bien espérer... Quoiqu'il se trouve plus mal qu'il n'ait fait depuis longtemps, cela ne l'éloigne nullement de son entreprise, ce qui montre que ses raisons d'autrefois n'étaient que des prétextes. Je remarque en lui une humilité et une soumission, même envers moi, qui me surprend. Enfin, je n'ai plus rien à vous dire, sinon qu'il paraît clairement que ce n'est plus son esprit naturel qui agit en lui. »

Quelque temps après, Jacqueline écrit encore sur le même sujet à madame Perier : « Je ne sais si j'ai eu moins d'impatience de vous mander des nouvelles de la personne que vous savez, que vous d'en recevoir ; et néanmoins il me semble que, n'ayant point de temps à perdre, je n'ai pas dû vous écrire plus tôt, de crainte qu'il ne fallût dédire ce que j'aurais trop tôt dit. Mais après que les choses sont en un point qu'il faut vous les faire savoir, quelque succès qu'il plaise à Dieu d'y donner, je croirais vous faire tort si je ne vous instruisais de l'histoire dès le commencement, qui fut quelques jours devant que je vous en mandasse la première nouvelle. Il vint me voir, et à cette visite il s'ouvrit à moi d'une manière qui me fit pitié, en m'avouant qu'au milieu de ses occupations qui étaient grandes, et parmi toutes les choses qui pouvaient contribuer à lui faire aimer le monde, et auxquelles on avait raison de le croire fort attaché, il était de telle sorte sollicité de quitter tout cela, et par une aversion extrême qu'il avait des folies et des amusements du monde, et par le reproche continuel que lui faisait sa conscience, qu'il se trouvait détaché de toutes choses d'une telle manière qu'il ne l'avait jamais été de la sorte ni rien d'approchant; mais que d'ailleurs il était dans un si grand abandonnement du côté de Dieu, qu'il ne sentait aucun attrait de ce côté-là; qu'il s'y portait néanmoins de tout son pouvoir, mais qu'il sentait bien que c'était plus sa raison et son propre esprit qui l'excitaient à ce qu'il connaissait le meilleur, que non pas le mouvement de celui de Dieu; et que, dans le détachement de toutes choses où il se trouvait, s'il avait les mêmes sentiments de Dieu qu'autrefois, il se croyait en état de pouvoir tout entreprendre ; et qu'il fallait qu'il eût en ces temps-là d'horribles attaches pour résister aux grâces que Dieu lui faisait et aux mouvements qu'il lui donnait. Cette confession me surprit autant qu'elle me donna de joie : et dès lors je conçus des espérances que je n'avais jamais eues, et je crus vous en devoir mander quelque chose, afin de vous obliger à prier Dieu. Si je racontais toutes les autres visites aussi en particulier, il faudrait écrire un volume, car depuis ce temps-là elles furent si fréquentes et si longues que je pensais n'avoir plus d'autre ouvrage à faire; je ne faisais que le suivre sans user d'aucune sorte de persuasion, et je le voyais peu à peu croître de telle sorte que je ne le connaissais plus, et je crois que vous en ferez autant que moi si Dieu continue son ouvrage et particulièrement en l'humilité, en la soumission, en la défiance et au mépris de soi-même, et au désir d'être anéanti dans l'estime et la mémoire des hommes. Voilà ce qu'il est à cette heure. Il n'y a que Dieu qui sache ce qu'il sera un jour. »

Sous la direction de l'austère Singlin et de M. de Sacy, il s'enferma dans la campagne du duc de Luynes et ensuite dans une cellule au milieu des solitaires de Port-Royal. Il devint aussi gai qu'il était triste dans le monde, tout en renonçant à toutes les commodités de la vie. Sa maxime fondamentale fut, dès ce moment, de se refuser à l'avenir tout plaisir, même légitime, et toute superfluité. Les cuillères de bois et la vaisselle de terre servaient à son usage; il s'habitua à se passer, autant que possible, de l'aide de ses domestiques, à qui il ne laissait que le soin de sa cuisine et des provisions à faire pour sa nourriture. Il allait lui-même chercher son dîner, le prenait dans sa chambre et en rapportait le reste à l'office; personne ne s'occupait de son appartement ni de son lit, car il dédaignait toutes les délicatesses du bien-être. Il en vint même à mettre le balai au rang des meubles inutiles, ce qui lui valut une remontrance de sa sœur et une apologie de la propreté, nécessaire aux religieux comme aux mondains, d'après l'enseignement de saint Bernard.

Revenu à la santé, ou du moins délivré de ses grandes souffrances, il essaya de détacher du monde ses deux amis intimes, le duc de Roannez et Domat. Le premier, orphelin dès l'enfance et maître d'une grande fortune, conquit l'affection de Pascal et s'attacha tellement à lui qu'il ne pouvait pas passer un seul jour sans le voir. Les exemples et les conseils d'un aussi grand génie le préservèrent des fautes, où les seigneurs de son rang tombaient presque tous; il savait entendre les vérités que Pascal lui disait en ces termes énergiques : « Il n'est pas nécessaire parce que vous êtes duc que je vous estime, mais il est nécessaire que je vous salue. Si vous êtes duc et honnête homme, je rendrai ce que je dois à l'une et à l'autre de ces qualités. Je ne vous refuserai pas les cérémonies que mérite votre qualité de duc, ni l'estime que mérite celle d'honnête homme; mais si vous étiez duc sans être honnête homme, je vous ferais encore justice, car, en vous rendant les devoirs extérieurs que l'ordre des hommes a attachés à votre naissance, je ne manquerais pas d'avoir pour vous le mépris intérieur que mériterait la bassesse de votre esprit. » Suivant la même ligne de conduite que Pascal, il renonça à un brillant mariage, qu'on lui proposait avec instances, pour sauver l'honneur de sa famille et payer les dettes considérables que son grand-père laissait à sa mort. Quant à Domat, mathématicien et auteur d'un livre estimé sur les *Lois civiles dans leur ordre naturel*, il fut l'ami constant de Pascal, qui lui confia ses papiers et le soin d'exécuter ses dernières dispositions. N'est-ce pas l'idéal de l'amitié que d'avoir les mêmes goûts, de poursuivre les mêmes études et de pratiquer les mêmes vertus?...

III

L'AMULETTE ET L'ABIME.

Qui le croirait après avoir lu les pages précédentes? C'est au moment où Pascal donne publiquement des témoignages incontestables de ses croyances que les historiens irréligieux l'accusent de pratiquer le scepticisme absolu. Sainte-Beuve et Cousin se livrent à de vrais tours de force pour donner une apparence de logique à leur thèse absurde et justifier les contradictions où les précipitent à leur insu les besoins d'une mauvaise cause. Réfutés par les récits des deux sœurs et de la nièce de Pascal, ils se rejettent sur trois faits particuliers, dont ils tirent des conclusions peu rigoureuses.

C'est en 1654, disent-ils, qu'arriva à Pascal un malheureux accident qui changea le cours de ses idées et détermina son amour pour la retraite et les pratiques les plus rigoureuses de la pénitence. Il allait, un jour de fête, se promener, selon sa coutume et l'usage de l'époque, dans une voiture à quatre chevaux, lorsqu'à la hauteur du pont de Neuilly, les deux premiers chevaux prirent le mors aux dents, et se précipitèrent dans la rivière. Par bonheur, les traits se rompirent et le carrosse demeura suspendu sur les bords du précipice.

La commotion violente qui faillit coûter la vie à Pascal ébranla tellement son imagination que, depuis ce moment, il crut voir un précipice ouvert à ses côtés ou, au pied de son lit, un abime hideux et prêt à l'engloutir. Aimé-Martin se hâte d'ajouter que le précipice véritable dans lequel la raison de Pascal s'était anéantie, c'était le doute sur toutes les matières métaphysiques qui occupent les âmes supérieures, doute terrible dont les pratiques positives du christianisme purent seules l'affranchir. L'abîme imaginaire que ses sens affaiblis croyaient voir s'ouvrir sous ses pas n'était qu'une faible image du doute qui épouvantait intérieurement son âme !

Quelles preuves donne-t-on à l'appui d'une assertion aussi grave ? Aucune, et cela n'empêche pas l'accusation d'être maintenue. Le fait de l'accident de Neuilly repose sur un simple récit anonyme, mentionné sans commentaires et sans éclaircissement par tous les écrivains qui ont parlé de Pascal. Les chroniques contemporaines, les Mémoires des amis de Pascal, les récits de ses sœurs, toujours empressées à transcrire tout ce qui intéressait leur amitié fraternelle, n'en disent pas un mot. Ce silence est toute une révélation.

Si l'histoire de Neuilly est fausse, ou du moins fort douteuse, il faut accorder peu de croyance au prétendu abime que Pascal aurait vu sans cesse à ses côtés. Le cynique vieillard de Ferney, Voltaire, mit cette légende à la mode dans une lettre à Gravesande. « Pascal, disait-il, croyait toujours, pendant les dernières années de sa vie, voir un abime à côté de sa chaise : faudrait-il pour cela que nous en imaginassions autant?... Il n'est pas étonnant, après tout, qu'un homme d'un tempérament délicat, d'une imagination triste, comme Pascal, soit, à force de mauvais régime, parvenu à déranger les organes de son cerveau. Cette maladie n'est ni plus surprenante ni plus humiliante que la fièvre et la migraine. Si le grand Pascal en a été attaqué, c'est Samson qui perd sa force. » Voilà un système très-commode de se débarrasser, par des suppositions, d'un adversaire redoutable et d'ensevelir sa victime sous les fleurs ! Le *Journal des Savants*, après avoir relaté cette histoire de l'abime imaginaire, disait avec raison : *Nous n'en avions jamais entendu parler.*

On a dit encore qu'à la suite de l'accident de Neuilly, Pascal eut une vision, une extase et qu'il porta sur lui une *amulette* ou un talisman mystique. Un papier que Pascal avait sur son cœur, et dont on n'eut connaissance qu'après sa mort, a donné lieu à cette seconde fable. Il n'est pas sans importance de reproduire exactement le contenu de ce billet :

†

L'an de grâce 1654.

Lundi 23 novembre, jour de saint Clément, pape et martyr, et autres au Martyrologe.

Veille de saint Chrysogone, martyr, et autres.

Depuis environ dix heures et demie du soir jusques environ minuit et demi.

Feu.

Dieu d'Abraham, Dieu d'Isaac, Dieu de Jacob,
Non des philosophes et des savants.
Certitude. Certitude. Sentiment. Joie. Paix.
Dieu de Jésus-Christ.
Deum meum et Deum vestrum.
Ton Dieu sera mon Dieu.
Oubli du monde et de tout, hormis Dieu.
Il ne se trouve que par les voies enseignées dans l'Evangile.
Grandeur de l'âme humaine.
Père juste, le monde ne l'a point connu, mais je l'ai connu.
Joie, joie, joie, pleurs de joie.
Je m'en suis séparé.
Dereliquerunt me fontem aquæ vivæ.
Mon Dieu, me quitterez-vous?
Que je n'en sois pas séparé éternellement.

Cette vie est la vie éternelle ; qu'ils te connaissent seul vrai Dieu, et celui que tu as envoyé, Jésus-Christ.

Jésus-Christ.

Jésus-Christ.

Je m'en suis séparé; je l'ai fui, renoncé, crucifié.

Que je n'en sois jamais séparé.

Il ne se conserve que par les voies enseignées dans l'Evangile.

Renonciation totale et douce.

Soumission totale à Jésus-Christ et à mon directeur.

Eternellement en joie pour un jour d'exercice sur la terre.

Non obliviscar sermones tuos. Amen.

Qu'y a-t-il donc de si extraordinaire dans ce billet, dont personne ne soupçonna l'existence jusqu'à la mort de Pascal, hors peut-être son confesseur, pour y voir une formule magique et une preuve que cette puissante intelligence avait reculé jusqu'à des pratiques superstitieuses pour fuir de plus loin une effrayante incertitude?... Sans connaître par expérience les secrets de la vie spirituelle, on comprend néanmoins le véritable caractère de la prétendue vision de Pascal. Les âmes, qui cherchent Dieu en toute sincérité, ont joui, au moins une fois dans le cours de l'existence, d'une faveur identique, c'est-à-dire d'un mouvement spécial de la grâce qui les a détachées des biens terrestres, pour les unir plus étroitement au Créateur. Tous les hommes ne décident-ils pas de leur avenir, de leur vocation dans un moment solennel, où la lumière semble se faire sur le sort qui les attend?... N'y a-t-il pas une heure dans la vie, où nous éprouvons des sentiments et embrassons des résolutions que rien ne saurait effacer de notre mémoire?...

Pascal, pénétré du vide des jouissances mondaines et de la vanité des sciences profanes, passa une nuit en prières, méditant au pied de la Croix les vérités éternelles. Le génie s'inclinait avec humilité devant l'Evangile. Dieu lui fit alors la grâce de ressentir les consolations spirituelles, qui ravissaient saint François-Xavier et sainte Thérèse; il se montra à lui comme la voie, la vérité et la vie et remplit son âme de certitude, de joie et de paix. Rien de plus naturel chez Pascal que de transcrire sur le papier l'analyse et le résumé de ce qu'il avait compris et goûté au fond de son cœur. Il porta sur lui ce mémorial du plus grand bonheur qu'il eût éprouvé afin de se rappeler sans cesse à lui-même la bonté divine et les promesses qu'il avait faites de renoncer à sa volonté propre, d'oublier le monde et de se soumettre totalement à Jésus-Christ. La plupart des religieux ne se séparent jamais du livre des Saints-Evangiles ou de l'*Imitation*; les philosophes, qui blâment Pascal d'avoir gardé sur sa poitrine ce qu'ils nomment une amulette, approuvent les héros de roman qui portent au cou un médaillon, souvenir frivole sinon coupable de leurs aventures. Ils louent le mal et combattent tout ce qui paraît revêtu d'un caractère religieux!...

La lecture habituelle de la Bible occupa dès lors tous les instants que Pascal ne consacrait pas à la prière. Il y prenait un plaisir indicible, en répétant sans cesse que l'Ecriture-Sainte n'est pas exclusivement une science de l'esprit, mais aussi une science du cœur : *lucerna ardens et lucens*. Cette chaleur et cette lumière célestes, qui se dégagent de l'étude des saints livres, se communiquent surtout à l'esprit cultivé, quand il est uni à un cœur droit. Comme Pascal possédait de mémoire toute la Bible, il ne la laissait jamais citer à faux, en sa présence, sans donner lui-même le texte exact et l'indication précise du chapitre. Tous les commentaires lui étaient familiers, de sorte qu'il vivait moralement de la parole divine, expliquée par les saints Pères et les docteurs de l'Eglise. Cette étude augmentait sa ferveur, sans lui inspirer aucun sentiment d'estime pour la grandeur de ses connaissances, et lui donnait l'occasion d'amener au bien une foule de personnes du monde, qui imploraient ses lumières et ses conseils.

Malgré la solitude où il s'était enseveli, il se voyait chaque jour assailli des visites les plus flatteuses. Les seigneurs du plus haut rang, convaincus de la supériorité de son génie et de l'excellence de ses vertus, se mettaient volontiers sous sa direction et n'entreprenaient aucune affaire importante sans avoir sollicité son approbation. Ceux d'entre eux, que le néant des grandeurs humaines attirait vers une vie plus parfaite, après lui avoir soumis leurs doutes sur les matières de la foi et leurs derniers scrupules, le consultaient longuement sur leur vocation. Ils avouaient toute la reconnaissance que leur avaient imposée les bons offices et les salutaires enseignements de Pascal.

Celui-ci, à qui la charité faisait un devoir de se prêter à de longues conversations, vit un péril dans ces rapports avec le monde. Pour rendre au prochain les services spirituels qui lui étaient demandés, et pour prévenir toute tentation de vaine gloire, il imagina cet expédient. Ses reins étaient entourés d'un cilice ou ceinture de fer garnie de pointes aiguës; lorsqu'il s'apercevait que son amour-propre s'allumait au feu de la causerie et prenait plaisir aux éloges des auditeurs, il appuyait à la dérobée son coude sur le cilice et imprimait à sa chair de violentes piqûres. La douleur l'emportait à l'instant sur l'orgueil et le ramenait au devoir. Il conserva cette pratique jusqu'à sa mort, la conseillant à ses intimes comme un remède efficace contre tous les assauts de la chair et du démon. S'étant fait une loi de renoncer à tout plaisir, il expiait par une pénitence volontaire les satisfactions que lui procuraient sa famille et ses amis.

A ce propos on lui a fait un crime de son renoncement aux affections légitimes et on a mis en doute la tendresse de son cœur. Consulté sur un projet de mariage pour une de ses nièces, il répondit à sa sœur, madame Perier, après avoir consulté Singlin et Sacy : « Leur avis en gros fut que vous ne pouvez, en aucune manière, sans blesser la charité et votre conscience mortellement et vous rendre coupable d'un des plus grands crimes, engager un enfant de son âge et de son innocence et même de sa piété à la plus périlleuse et à la plus basse des conditions du christianisme; qu'à la vérité, suivant le monde, l'affaire n'aurait nulle difficulté et qu'elle était à conclure sans hésiter, mais que, selon Dieu, elle avait plus de difficulté et qu'elle était à rejeter sans hésiter, parce que la condition d'un mariage avantageux est aussi souhaitable selon le monde qu'elle est vile et préjudiciable selon Dieu: que, ne sachant à quoi elle devait être appelée, ni si son tempérament ne sera pas si tranquillisé qu'elle puisse supporter avec piété la virginité, c'était bien peu en connaître le prix que de l'engager à perdre ce bien si souhaitable aux pères et aux mères pour leurs enfants, parce qu'ils ne peuvent plus le désirer pour eux ; que c'est en eux qu'ils doivent essayer de rendre à Dieu ce qu'ils ont perdu d'ordinaire pour d'autres causes que pour Dieu ; de plus, que les maris, quoique riches et sages suivant le monde, sont en vérité de francs païens devant Dieu : de sorte que les dernières paroles de ces messieurs sont que d'engager une enfant à un homme du commun c'est comme une espèce d'homicide et de déicide en leurs personnes. » La sentence des deux oracles de Port-Royal est sans doute empreinte d'exagération, mais elle s'explique quand on sait que la jeune fille atteignait seulement sa quinzième année et que le prétendant à sa main n'offrait aucune garantie comme chrétien. En unissant à un tel homme une enfant, incapable de comprendre les obligations du lien conjugal, on aurait évidemment abusé de sa candeur et préparé à son âge mûr de douloureux mais inutiles regrets !

Si Pascal repoussait les témoignages d'affection, c'est qu'il se croyait indigne de l'estime des hommes et qu'il gardait pour Dieu seul les prémices de son cœur. Il avait écrit cette maxime comme règle de sa conduite : « Il est injuste qu'on s'attache, quoiqu'on le fasse avec plaisir et volontairement : je tromperais ceux en qui je ferais naître ce désir, car je ne suis la fin de personne et n'ai de quoi le satisfaire. Ne suis-je pas prêt à mourir ? et ainsi l'objet de leur attachement mourra donc ? Comme je serais coupable de faire croire une fausseté, quoique je la persuadasse doucement, qu'on la crût avec plaisir, et qu'en cela on me fît plaisir : de même je suis coupable si je me fais aimer et si j'attire les gens à s'attacher à moi, je dois avertir ceux qui seraient prêts à consentir au mensonge, qu'ils ne le doivent pas croire, quelque avantage qu'il m'en revienne, et de même qu'ils ne doivent pas s'attacher à moi, car il faut qu'ils passent leur vie et leurs soins à plaire à Dieu et à le chercher. » Pascal aimait tendrement ses deux sœurs, mais cette affection n'allait pas jusqu'à l'*attachement*, dans le sens rigoureux qu'il donnait à ce mot. Lorsque Jacqueline mourut dans le monastère, où elle occupait un rang distingué par ses mérites et sa vertu, il se contenta de s'écrier : Dieu nous fasse la grâce d'aussi bien mourir.

Madame Perier ne pouvait concevoir cette apparence de froideur, qui la désespérait. « Il s'est toujours tenu, dit-elle, dans une soumission admirable aux ordres de la providence de Dieu, sans faire jamais réflexion que sur les grandes grâces que Dieu avait faites à ma sœur pendant sa vie, et les circonstances du temps de sa mort, ce qui lui faisait dire sans cesse : Bienheureux ceux qui meurent, pourvu qu'ils meurent au Seigneur. Lorsqu'il me voyait dans de continuelles afflictions pour cette perte que je ressentais si fort, il se fâchait et me disait que cela n'était pas bien et qu'il ne fallait pas avoir ces sentiments pour la mort des justes, mais qu'il fallait, au contraire, louer Dieu de ce qu'il l'avait si fort récompensée des petits services qu'elle lui avait rendus. C'est ainsi qu'il fallait voir qu'il n'avait nulle attache pour ceux qu'il aimait, car s'il eût été capable d'en avoir, c'eût été sans doute pour ma sœur, parce que c'était assurément la personne du monde qu'il aimait le plus. Mais il n'en demeurait pas là : car non seulement il n'avait point d'attaches pour les autres, mais il ne voulait point du tout que les autres en eussent pour lui. Je ne parle pas de ces attaches criminelles et dangereuses, car cela est grossier et tout le monde le voit bien, mais je parle de ces amitiés les plus innocentes. C'était une des choses sur laquelle il s'observait le plus régulièrement, afin de n'y point donner de sujet, et comme je ne savais pas cela, j'étais toute surprise des rebuts qu'il me faisait quelquefois et je le disais à ma sœur, me plaignant à elle que mon frère ne m'aimait pas et qu'il semblait que je lui faisais de la peine lors même que je lui rendais mes services les plus affectueux dans ses infirmités. Ma sœur me disait là-dessus que je me trompais, qu'elle savait le contraire, qu'il avait pour moi une affection aussi grande que je le pouvais souhaiter. C'est ainsi que ma sœur remettait mon esprit et je ne tardais guère à en voir des preuves, car aussitôt qu'il se présentait quelque occasion où j'avais besoin du secours de mon frère, il l'embrassait avec tant de soin et de témoignage d'affection que je n'avais pas lieu de douter qu'il ne m'aimât beaucoup; de sorte que j'attribuais au chagrin de sa maladie les manières froides dont il recevait les assiduités que je lui rendais pour le désennuyer et cette énigme ne m'a été expliquée que le jour même de sa mort, qu'une personne des plus considérables par la grandeur de son esprit et de sa piété, avec qui il avait de grandes communications sur la pratique de la vertu, me dit qu'il lui avait donné cette instruction entre autres : qu'il ne souffrit jamais de qui que ce fût qu'on l'aimât avec attachement, que c'était une faute sur laquelle on ne s'examine pas assez, parce qu'on n'en conçoit pas assez la grandeur et qu'on ne considérait pas qu'en fomentant et souffrant ces attachements, on occupait un cœur qui ne devait être qu'à Dieu seul, que c'était lui faire un larcin de la chose du monde qui lui était la plus plus précieuse... Il ne pouvait souffrir aussi les caresses que je recevais de mes enfants et il me disait qu'il fallait les en désaccoutumer et que cela ne pouvait que leur nuire, et qu'on pouvait leur témoigner de la tendresse en mille autres manières. »

Dans les créatures Pascal ne voyait que l'âme et comptait pour rien les agréments physiques. « Un homme, écrit il, se met à la fenêtre pour voir les passants; si je passe par là, puis-je dire qu'il s'est mis là pour me regarder? Non; car il ne pense pas à moi en particulier. Mais celui qui aime une personne à cause de sa beauté l'aime-t-il? Non; car la petite vérole, qui ôtera la beauté sans tuer la personne, fera qu'il ne l'aimera plus : et si on m'aime pour mon jugement ou pour ma mémoire, m'aime-t-on, moi? Non, car je puis perdre ces qualités sans cesser d'être. Où est donc ce moi, s'il n'est ni dans le corps ni dans l'âme? Et comment aimer le corps ou l'âme sinon pour ces qualités, qui ne sont point ce qui fait ce moi puisqu'elles sont périssables? Car aimerait-on la substance de l'âme d'une personne abstraitement et quelques qualités qui y fussent? Cela ne se peut et serait injuste. On n'aime donc jamais la personne, mais seulement les qualités; ou, si on aime la personne, il faut dire que c'est l'assemblage des qualités qui fait la personne. » Pascal savait donc aimer ses semblables sans illusion et sans faiblesse. Les misères inhérentes à l'humanité déchue élargissaient son cœur, loin de le rétrécir, en lui inspirant à la fois une profonde pitié et une tendre indulgence. La sagesse ne lui permettait pas de se complaire dans les créatures, mais dans le Créateur; elle lui inspirait le seul amour qui ne trompe jamais, l'amour des âmes en Jésus-Christ et pour l'éternité!

Il cherchait encore, dans le renoncement aux affections terrestres, un moyen de conserver intact le trésor de la pureté. La blancheur de ce lys éblouissant peut être ternie par le moindre souffle; un grain de poussière en atténue l'éclat; aussi les précautions, même les plus futiles en apparence, prouvent en pareille matière l'innocence du chrétien qui les emploie. Toujours en garde contre les objets extérieurs, Pascal avait, à l'exemple de Job, fait un pacte avec ses yeux et tous ses sens pour les rendre inaccessibles à toute séduction. Il ne se permettait pas et blâmait dans autrui les paroles à double interprétation, les lectures romanesques et les allures peu modestes. Souvent il signalait à ses sœurs les défauts des discours tenus en famille, défauts qu'elles n'auraient pas remarqués sans son avis, ne voulant pas qu'on parlât de la beauté d'une femme ou des plaisirs d'un spectacle, parce qu'on ne peut prévoir quelles pensées ce langage excite chez les auditeurs, surtout chez les jeunes gens.

Un jour, à l'issue de la messe de Saint-Sulpice, il rencontra une jeune fille de quinze ans qui lui demanda l'aumône. Après avoir appris qu'elle arrivait de la campagne, où son père était mort, et que sa mère se trouvait en ce moment malade à l'Hôtel-Dieu, il fut touché du péril auquel elle était exposée, dans une grande ville, par sa jeunesse et ses agréments naturels. Il la conduisit sans délai dans une maison religieuse et la confia à la sollicitude d'un prêtre, à qui il remit une somme d'argent destinée aux premières dépenses. Le lendemain, il chargea une pieuse dame de son voisinage de s'entendre avec l'ecclésiastique pour procurer des vêtements et une position convenable à sa protégée. Lorsque la bonne œuvre fut complétement achevée, le prêtre désira savoir le nom de l'excellent chrétien qui avait tant à cœur de conserver la sainte vertu chez lui et chez les autres. Comme on lui objectait que le bienfaiteur de la jeune fille désirait être inconnu, il répondit : « Je vous promets que je n'en parlerai jamais pendant sa vie ; mais si Dieu permettait qu'il mourût avant moi, j'aurais de la consolation de publier cette action, car je la trouve si belle que je ne puis souffrir qu'elle demeure dans l'oubli. »

C'est avec complaisance que nous insistons sur la sévérité des mœurs de Pascal : bienheureux ceux qui ont le cœur pur, ils seront admis devant l'Agneau sans tache. La scrupuleuse réserve qu'il garda toute sa vie, pour ne point ternir son innocence, est justifiée par cette parole d'un cynique ennemi de la religion : Il ne faut rien accorder aux sens, quand on veut leur refuser quelque chose. » Le même philosophe avouait que la force de l'âme, qui produit toutes les vertus, tient à la pureté, qui les nourrit toutes. Pascal avait donc les deux ailes avec lesquelles, au dire de l'*Imitation*, l'homme s'élève au-dessus des choses de la terre : la simplicité et la pureté. Hélas ! dans l'intérêt de sa renommée, nous voudrions clore ici son histoire.

IV

LES PROVINCIALES.

La critique irréligieuse a épuisé toutes les formules de louange que comporte la langue française, en faveur de l'ouvrage qu'il ne nous est pas possible de passer sous silence. Elle proclame Pascal le prince de la polémique et le roi du pamphlet; elle oublie tous ses autres titres à l'estime de la postérité pour n'admirer en lui que l'auteur des *Provinciales*. La plupart des gens lettrés partagent du reste cet engouement et cet enthousiasme en faveur d'un livre, dont la composition fut un véritable crime et le plus grand tort de Pascal. D'où vient cette aberration chez les esprits les plus cultivés et les moins suspects de partialité?

Joseph de Maistre dit avec raison que si les *Provinciales*, qu'il nomme *un assez joli libelle*, avaient été écrites, avec le même mérite littéraire, contre les Pères Capucins, il y a longtemps qu'on n'en parlerait plus. Tel est le mot de l'énigme. La haine profonde que le jansénisme avait vouée aux Jésuites, ses formidables adversaires, inspira l'idée des *Provinciales*, à qui les protestants et les impies ont fait une réputation immortelle, toujours en haine des Jésuites.

Comment Pascal s'est il oublié jusqu'à servir la cause et les rancunes des plus obstinés hérétiques, lui qui a dit que toutes les vertus, le martyre, les austérités et toutes les bonnes œuvres sont inutiles hors de l'Eglise et de la communion du chef de l'Eglise qui est le pape? Si nous n'avons point d'excuses à présenter sur un fait aussi grave; s'il n'est pas permis d'accorder dans Pascal la charité et la calomnie, des vertus touchantes et le jansénisme, l'insulteur des jésuites et le chrétien éminent; si nous ne prouvons pas la bonne foi relative de l'auteur des *Provinciales*, et son obéissance au Pasteur des brebis et des agneaux, ce personnage aimé, cet écrivain si remarquable ne sera plus qu'un hérétique et un apostat. Cette hypothèse révolte l'esprit et le cœur de tous les sincères admirateurs de Pascal.

Notre conviction profonde, basée sur une longue étude de la vie et des œuvres de Pascal, est que Dieu ne l'a pas jugé aussi sévèrement que les hommes, parce qu'il a trouvé en lui un janséniste, un coupable *matériel*, mais non *formel*, selon le langage de l'école. Quand même cet avis ne serait pas partagé par le lecteur, il demeure pour nous indubitable que la faiblesse de caractère, la candeur, la crédulité de Pascal ont été exploitées par les jansénistes de Port-Royal, qui ne reculaient pas devant les pratiques les plus infâmes quand il s'agissait de l'intérêt de leur secte. Ils ont trompé Pascal, par les apparences du bien; ils l'ont séduit par le mensonge habile et pervers; nous voyons en eux des bourreaux, en lui une victime.

Une circonstance, assez futile en apparence, alluma la guerre dont Pascal devint le chef de file et le principal combattant. Le duc de Liancourt, interrogé par son confesseur, un prêtre de Saint-Sulpice, sur ses rapports avec les solitaires de Port-Royal, déclarés suspects par la Constitution d'Innocent X, se plaignit hautement que les Sulpiciens lui avaient refusé l'absolution. Consulté sur cette affaire, saint Vincent de Paul demanda l'avis de la Sorbonnè et il lui fut répondu par les plus savants docteurs que le confesseur était dans son droit en refusant l'absolution à un partisan des jansénistes.

Arnauld, l'âme de la secte, publia à ce sujet sa *seconde lettre à un duc et pair*, qui fut censurée par cent trente membres de la

Sorbonne. Trop orgueilleux pour subir cette condamnation sans rien dire, il lut à ses amis le manuscrit de sa réponse. Un silence glacial succéda à cette lecture. « Je vois bien, ajouta-t-il aussitôt, que vous trouvez cet écrit mauvais, et je crois que vous avez raison ; mais vous, Pascal, vous qui êtes jeune et curieux, vous devriez faire quelque chose ! » Persuadé qu'il servirait son ami et les intérêts de la saine doctrine, Pascal composa en quelques jours sa première *Provinciale*, que l'aréopage déclara excellente et digne d'une rapide impression.

A cette époque, le jansénisme[1] se trouvait en butte aux réfutations et aux poursuites de ses éloquents adversaires. Il avait besoin d'un grand effort pour ne point succomber sous les coups que la logique, la science, l'Eglise et la royauté lui portaient d'un commun accord. Le tendre Fénelon le signala à Louis XIV comme *la pire des hérésies*, et, dans son testament, il prophetisa en quelque sorte la part que les jansénistes auraient dans la révolution de 1793. On n'a pas assez remarqué qu'ils formaient une sédition politique et religieuse, en combattant, sous le masque d'un ascétisme exagéré, les principes fondamentaux du trône et de l'autel. Ils furent en cela les précurseurs immédiats des encyclopédistes et des libres-penseurs ; ils ouvrirent la voie à Diderot et à Voltaire. Tous les prélats et tous les prêtres qui ont abjuré la foi de l'Eglise catholique et refusé d'obéir au Souverain-Pontife, tous ceux qui prêtèrent le serment à la révolution étaient des jansénistes !

Pour introduire le jansénisme en France, Saint-Cyran, *une sorte de Sieyès spirituel qui agissait avec vigueur en se tenant dans l'ombre*, s'assura le concours des femmes mondaines ou religieuses, de madame de La Sablière, de la duchesse de Longueville, de la princesse de Guemené et de la marquise de Sablé. Saint Jérôme avait déjà remarqué que les hérétiques de son temps avaient toujours soin de faire leurs prosélytes de

(1) Consulter sur Jansénius et ses propositions la biographie de *Massillon*, un volume in-8 par le même auteur, librairie Mame.

la première heure parmi les femmes, car elles embrassent l'erreur plus facilement que les hommes, parce qu'elles sont légères ; elles la répandent plus promptement, parce qu'elles sont loquaces ; elles l'abjurent plus difficilement à cause de leur ignorance et de leur obstination naturelles. Saint-Cyran s'érigeait en réformateur de la religion, et s'écriait, en 1636 : « Dieu m'a donné de grandes lumières, il n'y a plus d'Eglise et cela depuis six cents ans ! » Il avoua à saint Vincent de Paul que s'il avait dit des vérités dans une chambre à des personnes qui en seraient capables, en passant dans une autre où il trouverait des personnages différents, il leur dirait le contraire. Qu'un homme vecût dans la débauche, qu'une femme fit profession de galanterie, il espérait toujours de leur salut s'ils étaient ses amis ; quand ils ne lui étaient pas favorables, il appréhendait toujours le jugement de Dieu sur eux, comme le lui reprochait Racine. En mourant, il se vanta d'avoir refusé un évêché sous un gouvernement qui ne voulait que des esclaves.

Si l'on veut s'édifier sur l'obstination et les manœuvres subtiles de ses successeurs, il faut parcourir le curieux ouvrage de M. Varin : *La vérité sur les Arnauld.* Cette famille avait rempli de ses membres les deux monastères de Port-Royal, celui de Paris et celui des Champs ; d'Audilly, avec son frère *le grand* Arnauld et sa sœur l'Abbesse Angélique, dirigeait tout le parti janséniste. Tour à tour courtisan de Richelieu et d'Anne d'Autriche, pour obtenir, à force de bassesses, la charge de précepteur du dauphin et une pension de mille écus du duc d'Orléans, il ne parvint pas à élever l'héritier du trône, dont il avait révé de faire le soutien du jansénisme. Déçu dans ses projets ambitieux, reniant en public ses convictions lorsque cette lâcheté servait ses intérêts, avide d'intrigues, il voulait se faire des amis dans toutes sortes de conditions. Arnauld passait sa vie à composer ses cent quarante volumes de polémique et répondait invariablement à ceux qui l'invitaient au repos : « Me reposer ! mais j'aurai l'éternité pour cela. » Dans la famille des Arnauld, les hommes étaient sciemment hérétiques et par une incroyable confiance dans leurs propres lumières ; les femmes, au contraire, presque toutes supérieures de monastère, pratiquaient le jansénisme de bonne foi et basaient leurs croyances sur l'enseignement de leurs oncles ou de leurs frères. Aveuglées par l'amour fraternel et l'obéissance passive aux faux docteurs qui les trompèrent, elles croyaient servir Dieu en servant Jansénius ; la miséricorde divine leur a sans doute tenu compte des vertus admirables dont elles parfumèrent leur cloître!...

Les trois premières *Provinciales* ou *Petites lettres* parurent sous le pseudonyme de Louis de Montalte, nom de guerre que Pascal conserva pendant toute la lutte. Elles furent envoyées, gratuitement et affranchies des frais de port, à tous les amis de Port-Royal, à tous les personnages de distinction, soit de Paris soit de la province. Leur succès fut immense, grâce au sarcasme et à l'ironie qu'elles déversaient sur la Sorbonne et les juges des propositions d'Arnauld. A l'aide des distinctions obscures du fait et du droit, du pouvoir prochain, de la grâce suffisante et d'autres formules théologiques que Pascal expliquait d'une façon comique, mais très-inexacte, il voulait démontrer l'innocence d'Arnauld et soutenir que la niaiserie seule de ses ennemis l'avait représenté comme hérétique. Selon lui, les docteurs avaient voulu perdre un homme, dont l'influence leur était odieuse et contre qui ils nourrissaient une profonde jalousie : « Ce ne sont pas les sentiments de M. Arnauld qui sont hérétiques, disait-il, ce n'est que sa personne. C'est une hérésie personnelle. Il n'est pas hérétique pour ce qu'il a dit ou écrit, mais seulement parce qu'il est M. Arnauld. C'est tout ce qu'on trouve à redire en lui. Quoi qu'il fasse, s'il ne cesse d'être, il ne sera jamais bon catholique. La grâce de S. Augustin ne sera jamais la véritable tant qu'il la défendra. Elle le deviendrait, s'il venait à la combattre. Ce serait un coup sûr, et presque le seul moyen de l'établir et de détruire le molinisme, tant il porte de malheur aux opinions qu'il embrasse. » Le procédé parait habile dans une société et dans un pays où le ridicule est une arme redoutable, mais après un premier sourire, il provoque la tristesse quand on considère ses pernicieuses conséquences, basées sur le mensonge et la calomnie.

Avec la quatrième *Provinciale* commence le procès des Jésuites, coupables d'avoir fermé leurs écoles à l'invasion janséniste. En véritable auteur de comédies, Pascal met en scène un religieux naïf et ignorant, ridicule et prétentieux qu'il donne comme un des plus habiles membres de la Compagnie de Jésus. La contradiction devient flagrante, car peut-on supposer l'admission d'un sujet aussi stupide dans une Congrégation religieuse, à qui personne ne conteste la science et l'habileté dans la connaissance des hommes? Poursuivant sa thèse, Pascal nous donnera plus tard comme types des Jésuites, un simoniaque, un hypocrite, un voleur et un partisan de l'assassinat; il lui fallait accomplir un tour de force littéraire pour assaisonner de traits piquants son récit imaginaire et soutenir l'attention du lecteur à travers les textes et les citations de théologiens inconnus. Les premières lettres avaient exigé quelques heures de travail; les suivantes coûtèrent à l'auteur de longs et pénibles efforts. Il corrigea pendant vingt jours et refit treize fois quelques-unes de ses satires.

Madame de Sévigné retrace admirablement, dans ses lettres, les erreurs jansénistes dont elle croyait faire le panégyrique, tout en causant de Port-Royal aussi librement que du carrosse de M. de Pomponne. M. de Maistre lui a emprunté un argument péremptoire contre la secte. Il nous semble qu'elle s'amusait tout simplement des discussions alors à la mode, et qu'à ses yeux le combattant qui montrait le plus d'esprit devait avoir raison. Le 11 décembre 1689, elle écrivait à sa fille : « Quelquefois, pour nous divertir, nous lisons les *Petites lettres* : Bon Dieu, quel charme! et comme mon fils les lit! je songe toujours à ma fille, et combien cet excès de justesse de raisonnement serait digne d'elle ; mais votre frère dit que vous trouvez que c'est toujours la même chose; ah! mon Dieu! tant mieux; peut-on avoir un style plus parfait, une raillerie plus fine, plus naturelle, plus délicate, plus digne fille de ces dialogues de Platon qui sont si beaux? Et lorsqu'après les dix premières lettres, il s'adresse aux révérends Pères, quel sérieux! quelle solidité! quelle force! quelle éloquence! quel amour pour Dieu et pour la vérité! quelle manière de la soutenir et de la faire entendre! C'est tout cela qu'on trouve dans les huit dernières lettres, qui sont sur un ton tout différent. Je suis assurée que vous ne les avez jamais lues qu'en courant, grapillant les endroits plaisants; mais ce n'est point cela quand on les lit à loisir. » Pourtant madame Grignan avait raison : c'est toujours la même chose!

La morale des Jésuites, telle qu'il l'imaginait, occupa la plume de Louis de Montalte jusqu'à la dixième lettre. Il affirme qu'ils ne veulent pas corrompre les mœurs, mais qu'ils n'ont pas pour unique but de les réformer; que leur politique est d'accommoder les maximes de la religion d'après le caractère de leurs pénitents, et qu'ils se tirent des difficultés les plus grandes avec leurs opinions probables, pourvu qu'ils parviennent à diriger toutes les consciences. L'histoire se dresse, comme un géant, en face du calomniateur pour lui donner un formel et public démenti; elle a recueilli tous les faits et gestes de saint Ignace de Loyola, de saint François-Xavier, de Rodriguez et du Père de Ravignan, pour les proposer à l'admiration du monde. Jamais elle n'a signalé une erreur dans l'enseignement qu'ils ont donné à leurs disciples, ni faiblesse dans la morale qu'ils pratiquaient.

Nous aimons à enregistrer les aveux que la force de la vérité arracha à Voltaire, sur la question qui nous occupe. Le 7 février 1746, il écrivit au P. Latour : « Les Jésuites ont eu, comme les autres religieux, des Casuistes qui ont traité le pour et le contre des questions aujourd'hui éclaircies ou mises en oubli; mais, de bonne foi, est-ce par la satire ingénieuse des *Lettres Provinciales* qu'on doit juger leur morale? C'est assurément par le P. Bourdaloue, par le P. Cheminais, par leurs autres prédicateurs, par leurs missionnaires. Qu'on mette en parallèle les *Lettres Provinciales* et les sermons de Bourdaloue : on apprendra dans les premières l'art de la raillerie, celui de présenter des choses indifférentes sous des faces criminelles, celui d'insulter avec éloquence. On apprendra avec le P. Bourdaloue à être sévère pour soi-même, indulgent pour les autres... Il n'y a rien de plus inique, de plus contradictoire, de plus honteux que d'accuser de morale relachée des hommes qui mènent en Europe la vie la plus dure, et qui vont chercher la mort au bout de l'Asie et de l'Amérique. » Dans le *Siècle de Louis XIV*, il reconnait que « le livre des *Provinciales* portait sur un fondement faux. On attribuait adroitement à toute la société les opinions extravagantes de plusieurs Jésuites espagnols et flamands. On les aurait déterrées aussi bien chez des Casuistes dominicains et franciscains ; mais c'était aux seuls Jésuites qu'on en voulait. »

D'Alembert, dans un livre *sur la destruction des Jésuites*, ajoutait, après avoir rendu hommage à leurs talents et à leur savoir : « A tous ces moyens d'augmenter leur considération et leur crédit, ils en joignent un autre non moins efficace, c'est la régularité de la conduite et des mœurs. Leur discipline en ce point est aussi sévère que sage ; et, quoi qu'en ait publié la calomnie, il faut ajouter qu'aucun ordre religieux ne donne moins de prise à cet égard. » Le protestant Schœl, l'auteur du *Cours d'histoire des Etats européens*, appelle les *Provinciales* : « Un ouvrage de parti où la mauvaise foi attribuait aux Jésuites des opinions suspectes que depuis longtemps ils avaient blâmées. » L'unique prélat qui, en 1671, demanda par son vote la suppression des Jésuites, dit cependant à la tribune ces mémorables paroles : « Quant à leurs mœurs, elles sont pures. On leur rend volontiers la justice de reconnaître qu'il n'y a peut-être point d'ordre dans l'Eglise dont les religieux sont plus réguliers et plus austères dans leurs mœurs. » Tous ces témoignages non suspects, et une foule d'autres, qu'il est superflu d'énumérer, nous amènent à conclure avec Châteaubriand que l'auteur des *Provinciales* est un calomniateur de génie et qu'il nous a laissé un mensonge immortel !

Plusieurs réfutations des dix premières lettres avaient démasqué les erreurs de Pascal et la fausseté de ses accusations. Il répondit à ses adversaires par six nouvelles lettres, pleines d'insultes et de violences de langage, où se trahissait à chaque ligne l'embarras d'un faux témoin. Nous trouvons dans un critique contemporain, Richelet, directeur de la Revue :,

Les plus belles lettres françaises, une appréciation exacte de la situation : « Il paraît depuis quelque temps une réponse aux *Lettres Provinciales* qui les bat entièrement en ruine, et qui cependant ne leur fera pas un grand mal. Comment cela se peut-il faire? C'est que, quoique cette réponse fasse voir évidemment les injustices, les médisances atroces, les faussetés injurieuses répandues dans toutes ces lettres contre une des plus célèbres sociétés qui soutiennent les intérêts de l'Eglise, cependant il y a longtemps qu'elles ont mis par leur tour plaisant et enjoué le parti des rieurs de leur côté, qu'elles sont en possession d'une autorité, d'un crédit qu'il sera très-difficile de leur ôter. Les Jésuites auront beau rendre des services considérables à l'Eglise et au public, bien des gens ne laisseront pas de lire avec un esprit de facile crédulité les *Lettres Provinciales*, et ne voudront seulement pas voir la réponse, ni même en entendre parler. En vérité, la prévention est en cette occasion un jugement bien injuste, bien cruel, bien opiniâtre, puisque (quoique ces lettres aient été condamnées par les Papes, par les évêques, par les docteurs et brûlées par la main des bourreaux, par les arrêts des Parlements et du conseil d'Etat) elle s'est mise en une telle possession des esprits, qu'elle résiste à toutes ces puissances. » Terrible effet de la calomnie, dont une sorte de prescription augmente et perpétue le venin !

Pour toute réponse aux seize *Provinciales*, disait le défenseur des Jésuites, il suffit de dire que Louis de Montalte est seize fois hérétique, et étant déclaré tel il ne mérite plus aucune créance. Pascal composa ses deux dernières lettres, la dix-septième et la dix-huitième, pour démontrer qu'il n'avait rien de commun avec les hérétiques : « Grâce à Dieu, s'écria-t-il avec éloquence, je n'ai d'attache sur la terre qu'à la seule Eglise, catholique, apostolique et romaine, dans laquelle je veux vivre et mourir, et dans la communion avec le Pape, son souverain chef, hors de laquelle je suis très-persuadé qu'il n'y a point de salut. »

Arrêtons-nous sur ces paroles que les accusateurs de Pascal se gardent de méditer. Un homme, qui, dans la poussière du combat, se relève fièrement pour repousser l'épithète d'hérétique et prendre le Ciel à témoin de son union avec l'Eglise ne nous paraîtra jamais un apostat. Sa vie entière témoigne qu'il avait horreur de l'équivoque et de la fourberie; nous devons le croire sur parole, car il est de bonne foi dans l'erreur. On nous opposera quelques mots familiers aux hérétiques, qu'il aurait prononcés en apprenant la sentence pontificale ; nous répondons que ces mots ne sont pas d'une authenticité absolue, puisqu'ils nous ont été transmis par les écrivains jansénistes, coupables d'avoir falsifié les paroles et les écrits de plusieurs personnages célèbres, dans le but de les donner comme favorables à leurs erreurs.

La grande méprise de Pascal fut d'avoir regardé le probabilisme comme un scepticisme moral; il se persuada, grâce aux louanges et à l'expression lyrique de la gratitude des Port-Royalistes, qu'il ferait une action méritoire en combattant les Jésuites, souteneurs du probabilisme. Aujourd'hui, cette doctrine qui permet, en certains cas, d'embrasser entre deux opinions véritablement probables celle qui le serait un peu moins, nous paraît toute naturelle, appuyée sur l'enseignement de saint Liguori, que Pie IX a proclamé docteur de l'Eglise. Mais au temps de Pascal, moins clairement expliquée, ne pouvait-elle pas paraître à certains esprits comme une porte ouverte au relâchement des mœurs et à l'intégrité de la doctrine catholique? Pascal s'y méprit, sans se douter de l'étendue de son illusion ; très-impressionnable et doué d'une confiance aveugle dans la franchise des solitaires de Port-Royal, il travailla sur les notes qu'ils lui fournirent sans ordre et sans suite, sur les recherches qu'ils firent d'une main de faussaire, et sur les citations d'auteurs jésuites qu'il avoua n'avoir jamais lus, à l'exception d'un seul. Les jansénistes ont reconnu eux-mêmes, dans la brochure intitulée : *Lettre d'un ecclésiastique à ses amis*, qu'ils avaient abusé de la sincérité et de la candeur de Pascal ; qu'on se rappelle les manœuvres d'une habileté satanique qu'ils employèrent pour séduire les ordres religieux, les universités ou les corporations savantes, et l'on comprendra dans quel filet, dans quel inextricable réseau de ruses et de séductions hypocrites Pascal se trouvait enlacé.

Les *Pensées*, que nous donnons à la fin de ce volume, furent en partie composées après la lutte des *Provinciales;* en lisant celles qui concernent Jésus-Christ et son Eglise, on est convaincu que Pascal n'eut jamais l'intention de se séparer ni de l'un, ni de l'autre, et que son cœur fut avec eux, alors même qu'il semblait les méconnaître, un jour, par sa liaison avec des sectaires trop influents par leur adresse et les apparences de la vertu. Anathème à ceux qui se firent un jeu de l'amitié de Pascal et miséricorde pour lui !

De nos jours les *Provinciales* peuvent être mises entre toutes les mains et deviennent inoffensives par l'édition exacte et la réfutation qu'en a données le savant abbé U. Maynard.[1] Etudiant à part chacune des assertions de Louis de Montalte, il rétablit les faits dans leur véritable sens, explique les questions controversées et les principes généraux de la discussion ; puis il relève habilement toutes les erreurs et les falsifications particulières. Cet ouvrage répare le mal commis par les *Provinciales*, dont il excuse l'auteur parce que son génie fut fourvoyé par Arnauld et les jansénistes !

(1) *Les Provinciales*, avec introduction et nombreuses notes par M. Maynard, chanoine de Poitiers. 2 vol. in-8. Firmin Didot.

V

LE LIVRE DES PENSÉES.

La nièce et la filleule de Pascal, Marguerite Perier, pensionnaire chez les religieuses de Port-Royal, donnait de sérieuses inquiétudes à sa famille par le mauvais état de sa santé. Depuis trois ans et demi, un mal horrible, une fistule lacrymale à l'œil gauche lui rongeait la figure, et avait déjà carié l'os du nez ; il s'exhalait de cette plaie une odeur si insupportable que la malheureuse enfant vivait séquestrée de tout contact avec ses compagnes. Les plus habiles chirurgiens de Paris épuisèrent vainement toutes les ressources de l'art médical ; ils reconnurent l'impuissance des remèdes ordinaires et, en désespoir de cause, proposèrent l'opération par le feu.

Sur ces entrefaites, la communauté reçut en don un magnifique reliquaire, contenant une épine de la couronne qui meurtrit la tête de Notre-Seigneur. Le 24 mars 1656, pendant qu'on vénérait cette relique, la sœur Flavie fut inspirée de la prendre et de l'appliquer sur l'œil malade de sa jeune élève. Elle ne pensait même plus à cet acte lorsqu'elle entendit, vers le soir, Marguerite s'écrier avec transport : « Mon œil est guéri, il ne me fait plus de mal ! » Loin de publier ce prodige, les religieuses mandèrent au couvent les médecins qui avaient désespéré de la guérison de Marguerite et elles la soumirent à leur examen. Tous déclarèrent, de concert avec le chirurgien Dalencée, que cette cure subite et parfaite n'était pas due aux forces ordinaires de la nature et qu'à leur sens elle ne pouvait être que l'effet d'un miracle. L'officialité de Paris examina canoniquement l'affaire et conclut comme les médecins. Un *Te Deum* solennel et une messe d'actions de grâce furent chantés dans l'Eglise de Port-Royal. Les parents de Marguerite Perier fondèrent à perpétuité un office commémoratif et gravèrent le récit de l'événement sur une pierre conservée dans la cathédrale de Clermont. Benoît XIII, dans ses homélies sur l'Exode, s'occupa des caractères de cette guérison et la reconnut miraculeuse.

Pascal fut profondément touché de cette grâce extraordinaire faite à sa filleule, et il se réjouit de voir que Dieu signalait sa puissance au moment où la foi paraissait s'affaiblir dans le cœur des Parisiens. Pendant plusieurs mois, il ne s'occupa que de la question théologique des miracles, l'étudiant lui-même, et interrogeant ses amis sur les manifestations extérieures de la Divinité. Il eut alors, raconte sa sœur « une infinité de pensées admirables sur les miracles, qui, lui donnant de nouvelles lumières sur la religion, lui redoublèrent l'amour et le respect qu'il avait toujours eus pour elle. Et ce fut cette occasion qui fit paraître cet extrême désir qu'il avait de travailler à réfuter les principaux et les plus faux raisonnements des athées. Il les avait étudiés avec grand soin et avait employé tout son esprit à chercher tous les moyens de les convaincre. C'est à quoi il s'était mis tout entier. La dernière année de son travail a été tout employée à recueillir diverses pensées sur ce sujet : mais Dieu, qui lui avait inspiré ce dessein et toutes ses pensées, n'a pas permis qu'il l'ait conduit à sa perfection, pour des raisons qui nous sont inconnues. » Telle est l'origine du livre admirable des *Pensées*, dont nous n'avons pourtant qu'une ébauche, qu'une sorte de plan ou de dessein, qui nous laisse deviner la perfection du monument s'il se fût élevé tel que Pascal l'avait conçu : *cætera desiderantur!*

Vers la fin de sa vie, épuisé par les souffrances corporelles et les luttes de la polémique, il n'écrivait plus ses ouvrages d'un seul jet, après avoir combiné dans son esprit l'ensemble et les détails de son œuvre. Sa mémoire, si fidèle pendant de longues années, commençait à lui faire défaut. Lorsqu'il songea sérieusement à réfuter les objections des athées et des incrédules, avec qui il avait eu de fréquentes conférences, il jeta sur des feuilles détachées, sans aucun ordre, toutes ses inspirations, pour ne pas en perdre le souvenir. En faisant l'apologie de la religion chrétienne, il s'appuyait moins sur les preuves scientifiques, qu'il possédait pleinement, que sur les preuves morales et les raisons de sentiment. A ces hommes blasés par le sceptisme et le plaisir aux Méré et aux Desbarreaux, il voulait montrer le *Dieu sensible au cœur*. Pendant l'année 1657, il écrivit les principales pages des *Pensées*, ou les dicta à son domestique et à sa sœur, lorsque le mal physique paralysait sa main sans fatiguer son intelligence.

Après sa mort, les amis à qui il avait souvent parlé de son œuvre de prédilection, la cherchèrent parmi ses papiers, mais ils ne trouvèrent que des feuilles éparses, des fragments et des notes très-brèves. Longtemps partagés entre la crainte de nuire à sa réputation en publiant un livre qu'il n'avait pas eu le temps de corriger et de parfaire, et l'envie de donner à ses admirateurs une satisfaction impatiemment attendue, ils ne le livrèrent au public qu'en 1670. L'approbation des évêques et des docteurs fut obtenue après un minutieux examen et de nombreuses corrections, tant on craignait de laisser passer quelque proposition entâchée de jansénisme!

L'ami intime de Pascal, dont nous avons déjà parlé, Roannez, et M. Périer nous paraissent avoir eu la principale part dans la première édition des *Pensées*, toute mutilée ou modifiée. Ils avaient, du reste, une excellente intention, ainsi que l'atteste cet avertissement d'Etienne Perier : « Comme l'on savait le dessein qu'avait M. Pascal de travailler sur la religion, l'on eut un tres grand soin, après sa mort, de recueillir tous les écrits qu'il avait faits sur cette matière... La première manière qui vint dans l'esprit et celle qui était sans doute la plus facile, était de les faire imprimer tout d'une suite dans le même état qu'on les avait trouvés. Mais l'on jugea bientôt que le faire de cette sorte, c'eût été perdre presque tout le fruit qu'on en pouvait espérer ; parce que les pensées plus parfaites, plus suivies, plus claires et plus étendues, étant mêlées, et comme absorbées parmi tant d'autres imparfaites, obscures, à demi digérées, et quelques-unes même presque inintelligibles à tout autre qu'à celui qui les avait écrites, il y avait tout sujet de croire que les unes feraient rebuter les autres, et que l'on ne considérerait ce volume, grossi inutilement de tant de pensées imparfaites, que comme un amas confus, sans ordre, sans suite, et qui ne pouvait servir à rien. Il y avait une autre manière de donner ces écrits au public, qui était d'y travailler auparavant, d'éclaircir les pensées obscures, d'achever celles qui étaient imparfaites, et, en prenant dans tous ces fragments le dessein de M. Pascal, de suppléer en quelque sorte l'ouvrage qu'il voulait faire. Cette voie eût été assurément la plus parfaite ; mais il était aussi très-difficile de la bien exécuter. L'on s'y est néanmoins arrêté assez longtemps et l'on avait en effet commencé à y travailler. Mais enfin l'on s'est résolu de la rejeter aussi bien que la première, parce que l'on a considéré qu'il était presque impossible de bien entrer dans la pensée et dans le dessein de l'auteur, et surtout d'un auteur mort, et que ce n'eût pas été donner l'ouvrage de M. Pascal, mais un ouvrage tout différent. Ainsi, pour éviter les inconvénients qui se trouvaient dans l'une et l'autre de ces manières de faire paraître ces écrits, l'on en a choisi une entre deux qui est celle que l'on a suivie dans ce recueil. L'on a pris seulement, parmi ce grand nombre de pensées, celles qui ont paru les plus claires et les plus achevées, et on les donne telles qu'on les a trouvées, sans y rien ajouter ni changer ; si ce n'est que, au lieu qu'elles étaient sans suite, sans liaison et dispersées confusément de côté et d'autre, on les a mises dans quelque sorte d'ordre et réduit sous les mêmes titres, celles qui étaient sur les mêmes sujets, et l'on a supprimé toutes les autres qui étaient ou trop obscures ou trop imparfaites. » Malgré cette franche déclaration du neveu de Pascal, l'ouvrage parut avec des commentaires et quelques altérations, qu'il est facile de reconnaître par la confrontation avec les manuscrits orignaux qu'a découverts M. Faugère.

A son apparition, le livre des *Pensées*, que Fénelon trouvait admirable, rencontra peu de partisans chez les grands hommes du dix-septième siècle; il subit d'abord la déconsidération attachée aux ouvrages des jansénistes, mais il passionna littéralement les critiques et les philosophes jusqu'à notre époque. Les éditions se multiplièrent, tronquées ou falsifiées, selon les opinions, les intérêts et les goûts des nouveaux éditeurs, qui firent parler à Pascal un langage plus ou moins orthodoxe. Les morceaux inédits virent le jour à divers intervalles jusqu'à ce que le Père Desmolets, religieux de l'Oratoire, publia les *Œuvres posthumes, ou suite des Pensées de M. Pascal, extraites du manuscrit de M. l'abbé Perier, son neveu,* chanoine de Clermont. En 1776, Condorcet donna une édition des *Pensées*, avec un éloge de Pascal, dans un but impie, car il retrancha les passages les plus pieux et se moqua de ce qu'il appelait fièrement les pratiques de la superstition. Voltaire, que l'on est sûr de rencontrer dans toutes les entreprises hostiles à la religion, fit réimprimer le travail de Condorcet et eut l'impudence de le proclamer supérieur à Pascal comme penseur et comme géomètre. Avant d'écrire ses *Lettres philosophiques*, il avait déjà fait d'hypocrites et indécentes réflexions sur les *Pensées* de Pascal, géant qu'il avouait brûler d'envie de combattre. Comme on l'a déjà remarqué, son intention était de faire un Pascal à l'image et à l'usage du dix-huitième siècle, et il y réussit aux yeux d'un grand nombre de personnes qui ne retiennent que les objections et nullement les réponses.

La première édition complète des œuvres de Pascal fut préparée par les soins de Bossut, en 1779, mais elle présentait les mêmes défauts que les précédentes parce qu'elle était collationnée sur diverses copies, mais non sur les manuscrits originaux. Malgré cela, c'est l'édition la plus connue et la plus souvent réimprimée par le libraire Lefèvre. Un oratorien, le Père André, qui n'est point l'auteur du remarquable *Essai sur le Beau*; un M. Frantin de Dijon et Renouard essayèrent inutilement de reprendre en sous-œuvre les recherches de leurs prédécesseurs. En 1842, la nécessité d'une édition nouvelle et corrigée des *Pensées de Pascal* fut mise à l'ordre du jour par l'Académie française. Un jeune savant, M. Faugère, répondit à son appel et retrouva le texte original de Pascal dans les bibliothèques royales. Sa tâche consistait, de son propre aveu, « 1° à rectifier les parties du texte déjà publiées; 2° à publier les parties qui n'avaient pas encore été imprimées; 3° à mettre à part, en les disposant sous divers chefs, indiqués par la nature et l'analogie des sujets, les fragments étrangers à l'ouvrage apologétique de la religion, conçu et commencé par Pascal; 4° à classer et à disposer les fragments ou plutôt les matériaux de cet ouvrage, sinon suivant le plan primitif de l'auteur, du moins suivant l'ordre qui parait résulter, soit de quelques indications écrites par Pascal lui-même, soit d'une conversation dont la relation a été conservée. » Il ne l'a pas complétement remplie, car on lui reproche de n'avoir pas suivi le plan tracé par Pascal, d'avoir déplacé quelques chapitres et augmenté la confusion au lieu de la dissiper. L'édition de M. Faugère a néanmoins fixé le texte exact des œuvres de Pascal, et mérite seule l'attention publique.

M. Cousin, qui, arrivé au pouvoir suprême sur l'Université, contraignait les professeurs de philosophie à adopter son système éclectique sous peine de nuire à leur avancement, devint jaloux des lauriers de M. Faugère et tenta de se les attribuer. Par la plume de Jules Simon, son suppléant à la Sorbonne, il prétendit que M. Faugère était un simple plagiaire et lui avait enlevé le mérite de son propre travail. Il traduisit même, dans la *Revue britannique*, un article d'un écrivain anglais, en supprimant tous les éloges donnés à M. Faugère et en y substituant son panégyrique. Cette conduite déloyale fut rudement châtiée; M. Faugère prouva que M. Cousin n'avait jamais révisé sur manuscrits les *Pensées* de Pascal et que ses calomnies n'atteignaient personne. Les philosophes sans religion ne connaissent pas même l'honneur!

Si nous jetons un regard, quelque rapide qu'il soit, sur la méthode philosophique et apologétique de Pascal, nous ne comprenons plus comment des hommes sérieux, ou réputés tels, l'ont accusé de scepticisme. En effet, quand il attaque les Jésuites, il prétend combattre un véritable scepticisme dans la doctrine du probabilicisme; quand il réunit dans sa chambre, malgré ses douleurs, les incrédules, c'est assurément pour les arracher aux tortures du doute, à l'étreinte glacée du scepticisme; quand il expose dans un ouvrage toutes les raisons qui composent l'art de croire, quand il énumère les preuves de la religion et les motifs de crédibilité qu'elle nous présente, que fait-il sinon une guerre ouverte au scepticisme? Il faudrait le supposer atteint de démence, s'il avait pris une peine très-grande pour instruire les impies et réfuter leurs erreurs, tout en doutant de la valeur de son argumentation. Ajoutons qu'un sceptique n'aurait jamais découvert et exposé si victorieusement une défense de la religion, à qui les accusateurs de Pascal sont incapables d'opposer la moindre réfutation.

Il est certain que dans toute controverse religieuse, Pascal étudiait d'abord les sentiments de ses adversaires; s'il trouvait en eux un désir sincère d'arriver à la connaissance de la vérité, il leur ouvrait son cœur et les initiait, sans forme dialectique, à l'enseignement de l'Eglise. Avait-il affaire à des incrédules, il commençait par détruire leurs préjugés, par leur inspirer une salutaire terreur de l'avenir éternel dont ils ne s'inquiétaient pas, et par leur prouver que la religion est le parti le plus raisonnable et le plus sûr que l'on puisse embrasser, attendu qu'elle nous donne la paix de l'âme en ce monde et des espérances immortelles. Il leur représentait ensuite que Dieu se dérobait à la recherche de ceux qui avaient longtemps méprisé ses grâces et qu'il était de leur intérêt de ne pas s'endormir dans une fausse sécurité.

Le prétexte de l'obscurité de la religion et de l'impossibilité de connaître la vérité; les misérables arguments des incrédules;

les bravades de ceux qui se font un titre de gloire de n'avoir aucune croyance ; l'aveuglement des uns et l'indifférence des autres, lui fournissaient d'éloquentes réfutations et un cordial appel à la bonne foi de tous, dans l'examen des preuves de la religion. Au lieu de heurter brusquement les opinions fausses, il contournait le camp ennemi afin d'y pénétrer plus facilement; il établissait que la vie est un jeu et que si on veut gagner il faut en prendre les moyens, or la religion est vraisemblable et certaine, donc, en la pratiquant, nous avons dans nos mains toutes les chances du jeu. Lorsque l'incrédule avait admis un point de doctrine comme incontestable, Pascal s'appuyait sur cette base pour construire l'édifice et le rendre inattaquable; d'un principe certain il tirait des conséquences logiques qui enchaînaient l'adversaire dans le cercle de ses propres affirmations.

Convaincu que les preuves métaphysiques ne sont pas à la portée de tout le monde et qu'elles n'inspirent qu'une médiocre confiance, et, d'autre part, témoin de la difficulté qu'éprouve l'orgueil humain à s'avouer vaincu par une thèse théologique, il s'attachait plus à faire croire qu'à raisonner. Selon lui, l'incrédule qui commençait par soumettre sa volonté et par agir comme s'il avait eu la foi, ne tardait pas à la recevoir de la miséricorde de Dieu, toujours ouverte au repentir.

Pour forcer cet incrédule à appeler la Providence à son aide, Pascal traçait un triste tableau de la misère et de l'impuissance de l'homme sans Dieu, de la corruption de notre nature déchue, du besoin de divertissement que nous éprouvons sans cesse, des puissances trompeuses de notre raison et de ses contradictions, du besoin de bonheur que nous ne pouvons jamais satisfaire et de la désespérante faiblesse de notre volonté. En constatant notre déchéance morale, il indiquait la nécessité d'un libérateur, de la rédemption par Jésus-Christ, autour duquel gravite tout son système apologétique. Tous les philosophes païens n'ont pu expliquer ce mélange de bassesse et de grandeur, de lumières et de ténèbres qu'on appelle l'homme, ni lui donner la vérité avec la morale. Les stoïciens lui conseillaient le mépris de toutes choses; les épicuriens les satisfactions matérielles; les pyrrhoniens le doute de lui-même. Pour sauver le genre humain, Dieu lui envoya le Désiré des nations, le Réparateur promis depuis six mille ans : *nubes pluant Justum!* La religion du Christ est seule capable de satisfaire à la fois et notre esprit et notre cœur, par sa doctrine, la divinité de son établissement, de ses prophéties, de ses miracles et par sa perpétuité. Le peuple juif a gardé en dépôt ce livre saint, la Bible, qui a annoncé et décrit depuis des siècles la venue, le caractère et la vie de Jésus-Christ ; tous les événements étaient pour lui des figures qu'il n'a pas comprises; nous, plus heureux, nous avons la réalité!

La plume de Pascal ne se lassait pas d'écrire en l'honneur du Messie, qu'il aimait à suivre pas à pas dans sa course bienfaisante et surtout à contempler au Jardin des Olives. Il croyait entendre Jésus lui dire doucement : « Console-toi; tu ne me chercherais pas, si tu ne m'avais trouvé. Je pensais à toi dans mon agonie ; j'ai versé telles gouttes de sang pour toi. Les médecins ne te guériront pas; car tu mourras à la fin; mais c'est moi qui guéris et rends le corps immortel. Laisse-toi conduire à mes règles. Je te suis plus ami que tel et tel. Veux-tu qu'il me coûte toujours du sang de mon humanité, sans que tu donnes des larmes? Si tu connaissais tes péchés, tu perdrais cœur. — Je le perdrai donc, Seigneur, car je crois leur malice sur votre assurance. — Non, car moi, par qui tu l'apprends, t'en peux guérir, et ce que je te dis est un signe que je te veux guérir. A mesure que tu les expieras, tu les connaîtras et il te sera dit : Vois les péchés qui te sont remis. — Seigneur, je vous donne tout. — Je t'aime plus ardemment que tu n'as aimé les souillures. Qu'à moi en soit la gloire et non à toi, ver et terre. — Seigneur, je vois mon abîme d'orgueil, de curiosité, de concupiscence. Il n'y a nul rapport de moi à Dieu, ni à Jésus-Christ juste. Mais il a été fait péché pour moi ; tous vos fléaux sont tombés sur lui. Il n'a point eu où se reposer sur la terre qu'au sépulcre. Ses ennemis n'ont cessé de le travailler qu'au sépulcre. Il est plus abominable que moi, et, loin de m'abhorrer, il se tient honoré que j'aille à lui et le secoure. Mais il s'est guéri lui-même et me guérira à plus juste raison. Il faut ajouter mes plaies aux siennes et me joindre à lui et il me sauvera en se sauvant. Mais il n'en faut pas ajouter à l'avenir! » Ce dialogue mystique nous donne une idée de la manière dont Pascal comprenait et expliquait la religion, par le cœur!

A l'incrédule il fait remarquer encore l'apostolat miraculeux des douze ignorants que Jésus-Christ chargea de convertir le monde, la propagation constante de l'Evangile, le courage héroïque des martyrs, les vertus des saints et la lutte perpétuelle de l'Eglise contre le mensonge, l'erreur et la corruption du siècle, malgré les tempêtes que soulève le génie du mal. Il termine en invitant à monter dans la barque de saint Pierre et à s'y reposer pour jamais : « Il y a plaisir d'être dans un vaisseau battu de l'orage, lorsqu'on est assuré qu'il ne périra point. »

Comme écrivain, comme un des princes de la langue française, Pascal, a-t-on dit, est disciple d'Amyot et de Montaigne. Il semble récuser ce titre quand il s'écrie : « Ce n'est pas dans Montaigne, mais dans moi que je trouve tout ce que j'y vois. Qu'on ne dise pas que je n'ai rien dit de nouveau. » Il a pris sans doute dans les *Essais*, faussement appelés le bréviaire des honnêtes gens, quelques inspirations, mais en les transformant, comme l'abeille s'approprie le suc des fleurs.

On raconte que le président de Lamoignon, ayant à sa table, Boileau, Bourdaloue et d'autres religieux, engagea la conversation sur le mérite des écrivains anciens et des modernes. Le satirique Despréaux donnait l'avantage aux anciens, à l'exception d'un auteur moderne qu'il mettait au-dessus de tous les autres. Comme Bourdaloue le pressait de désigner cet écrivain privilégié, il lui répondit, en lui serrant le bras : « Mon père, vous le voulez; eh bien! morbleu, c'est Pascal. » C'est dans le même sens que Bossuet aurait affirmé que les *Lettres Provinciales* étaient l'ouvrage qu'il aimerait le mieux avoir écrit, s'il n'avait pas fait les siens. A nos yeux, le vrai mérite de Pascal, comme écrivain, se trouve mieux dans les *Pensées* que dans son pamphlet contre les Jésuites, dans son œuvre sérieuse et durable que dans un futile amusement littéraire. Au reste, nous pouvons à peine juger de la beauté de style que Pascal aurait donnée à ses *Pensées*, qu'il n'a point développées selon son désir. Il travaillait beaucoup ses compositions et les recommençait plusieurs fois jusqu'à ce qu'il eût rendu son idée par une phrase sans recherche, mais naturelle et toujours exacte. Le style de Pascal ne peut pas être qualifié en un seul mot, car il embrasse tous les genres et tous les tons, mais il a imprimé à notre langue un cachet de distinction et de bon goût qu'elle n'avait pas avant lui. Le mérite purement littéraire de Pascal est suffisamment reconnu par le nom de *Corneille de la prose* que la critique lui a décerné !

VI

LES VERTUS DE PASCAL.

Les dernières années de la vie de Pascal, depuis l'âge de trente ans jusqu'à trente-neuf, furent un véritable martyre, par les souffrances que son tempérament avait à endurer, et par les privations volontaires qu'il s'imposait. Au lieu de braver la douleur et de nier, comme le sage antique, qu'elle fût un mal, il la supportait bravement, les yeux attachés sur son crucifix. Il composa une longue prière pour demander à Dieu le bon usage des maladies ; il y bénissait le Ciel de le détacher du monde et de le rendre insensible aux plaisirs de la terre ; pour toute faveur, en échange de sa résignation, il demandait à Dieu de le rendre conforme à Jésus-Christ par l'amertume et la constance des douleurs corporelles. Savoir souffrir, telle fut la principale étude de Pascal.

La longueur de son oraison ne nous permet que d'en citer le plus beau passage : « O Dieu, devant qui je dois rendre un compte exact de toutes mes actions à la fin de ma vie et à la fin du monde ! O Dieu, qui ne laissez subsister le monde et toutes les choses du monde que pour exercer vos élus, ou pour punir les pécheurs ! O Dieu, qui laissez les pécheurs endurcis dans l'usage délicieux et criminel du monde ;

O Dieu, qui faites mourir nos corps, et qui, à l'heure de la mort, détachez notre âme de tout ce qu'elle aimait au monde! O Dieu, qui m'arracherez, à ce dernier moment de ma vie, de toutes les choses auxquelles je me suis attaché, et où j'ai mis mon cœur! O Dieu, qui devez consumer au dernier jour le ciel et la terre et toutes les créatures qu'ils contiennent, pour montrer à tous les hommes que rien ne subsiste que vous et qu'ainsi rien n'est digne d'amour que vous, puisque rien n'est durable que vous. O Dieu, qui devez détruire toutes ces vaines idoles et tous ces funestes objets de nos passions! Je vous loue, ô mon Dieu, et je vous bénirai tous les jours de ma vie, de ce qu'il vous a plu de prévenir en ma faveur ce jour épouvantable, en détruisant à mon égard toutes choses, dans l'affaiblissement où vous m'avez réduit. Je vous loue, ô mon Dieu, et je vous bénirai tous les jours de ma vie de ce qu'il vous a plu de me réduire dans l'incapacité de jouir des douceurs de la santé et des plaisirs du monde; et de ce que vous avez anéanti en quelque sorte, pour mon avantage, les idoles trompeuses que vous anéantirez effectivement pour la confusion des méchants au jour de votre colère. Faites, Seigneur, que je me juge moi-même ensuite de cette destruction que vous avez faite à mon égard, afin que vous ne me jugiez pas vous-même ensuite de l'entière destruction que vous ferez de ma vie et du monde. Car, Seigneur, comme à l'instant de ma mort je me trouverai séparé du monde, dénué de toutes choses, seul en votre présence, pour répondre à votre justice de tous les mouvements de mon cœur; faites que je me considère en cette maladie comme en une espèce de mort, séparé du monde, dénué de tous les objets de mes attachements, seul en votre présence, pour implorer de votre miséricorde la conversion de mon cœur; et qu'ainsi j'aie une extrême consolation de ce que vous m'envoyez maintenant une espèce de mort pour exercer votre miséricorde, avant que vous m'envoyiez effectivement la mort pour exercer votre jugement. Faites donc, ô mon Dieu, que, comme vous avez prévenu ma mort, je prévienne la rigueur de votre sentence, et que je m'examine moi-même avant votre jugement, pour trouver miséricorde en votre présence. »

Pendant sa longue agonie, il consolait les personnes de sa famille, dont le cœur était brisé à la vue de ses souffrances : « Ne me plaignez point, leur disait-il ; la maladie est l'état naturel des chrétiens, parce qu'on est par là, comme on devrait toujours être, dans la souffrance des maux, dans la privation de tous les biens et de tous les plaisirs des sens, exempt de toutes les passions qui travaillent pendant tout le cours de la vie, sans ambition, sans avarice, dans l'attente continuelle de la mort. N'est-ce pas ainsi que les chrétiens devraient passer la vie? Et n'est-ce pas un grand bonheur quand on se trouve par nécessité dans l'état où l'on est obligé d'être, et qu'on n'a autre chose à faire qu'à se soumettre humblement et paisiblement? C'est pourquoi je ne demande autre chose que de prier Dieu qu'il me fasse cette grâce. »

L'esprit de mortification, dont il avait déjà donné de si touchants exemples, lui inspira, à la fin de ses jours, un redoublement de sévérité pour lui-même. Tout ce qui avait l'apparence de plaisir ou de superfluité encourait sa réprobation; il refusait à ses sens tout ce qui pouvait leur être agréable. Si les médecins lui ordonnaient une nourriture plus délicate, il obéissait, mais en détournant son esprit de la satisfaction corporelle, en ne goûtant jamais ce qu'il devait manger. Pour vaincre le dégoût qu'il éprouvait pour la viande, sa sœur s'ingéniait à la lui préparer d'une façon appétissante; mais jamais il ne lui dit : « Voilà un mets qui est bon. » Quand elle se plaignait de ce qu'il ne remarquait pas les primeurs et les plats recherchés qu'elle lui avait servis, il se contentait de répondre : « Il fallait m'en avertir auparavant, car je vous avoue que je n'en avait point pris garde. » Lorsque les visiteurs vantaient, devant lui, les festins auxquels ils avaient assisté et la bonne chère qu'on faisait dans telle maison, il ne pouvait souffrir ces propos gastronomiques, indice de l'étroitesse d'esprit des gens qui ne vivent que pour manger.

Après avoir examiné ce qui était strictement nécessaire à

son estomac, il régla si bien la quantité de nourriture qu'il ne lui donnait jamais plus, ni moins, soit qu'il ressentît encore de l'appétit ou du dégoût. Il disait que cette règle lui semblait très-utile à la santé et à la mortification. Bien qu'il aimât naturellement les épices, les oranges et le verjus, il avait défendu à son cuisinier de s'en servir et de lui préparer des ragoûts quelconques. Pendant quatre ans, il mangea des consommés et d'autres préparations médicales, sans témoigner la moindre répugnance; il se moquait amicalement de sa sœur, qui frissonnait malgré elle en voyant avec quel courage il avalait les remèdes les plus amers, et affirmait qu'il lui semblait tout simple de prendre gaîment une médecine, quand une fois on était prévenu de son acreté.

L'amour de la pauvreté volontaire et le zèle pour le soulagement des malheureux l'occupaient à chaque instant; dans toutes ses entreprises et même dans les conseils qu'on lui demandait, il songeait d'abord au moyen de pratiquer la pauvreté en cette rencontre. Il examinait scrupuleusement sa conscience sur les fantaisies qu'on ressent chaque jour, sans y trouver rien de répréhensible, comme de tenir aux objets d'art, aux ouvrages faits par les ouvriers les plus habiles, aux meubles élégants et aux domestiques bien allurés. C'était, à son sens, éteindre l'esprit de pauvreté, et quand il avait besoin de manœuvres ou d'artisans, il se servait des plus nécessiteux, afin de leur procurer à la fois du travail et du pain. Souvent il confiait à ses amis que s'il avait le cœur aussi pauvre que l'esprit, il se croirait bien heureux et qu'il se sentait merveilleusement convaincu que la pauvreté est un grand moyen pour faire son salut.

Un petit billet, écrit de sa main, donne une idée de tous les sentiments de sa belle âme : « J'aime la pauvreté parce que Jésus-Christ l'a aimée. J'aime les biens, parce qu'ils donnent le moyen d'en assister les misérables. Je garde fidélité à tout le monde. Je ne rends pas le mal à ceux qui m'en font; mais je leur souhaite une condition pareille à la mienne, où l'on ne reçoit pas de mal ni de bien de la part des hommes. J'essaie d'être juste, véritable, sincère et fidèle à tous les hommes; et j'ai une tendresse de cœur pour ceux que Dieu m'a unis plus étroitement; et soit que je sois seul, ou à la vue des hommes, j'ai en toutes mes actions la vue de Dieu qui doit les juger et à qui je les ai toutes consacrées. Voilà quels sont mes sentiments; et je bénis tous les jours de ma vie mon Rédempteur qui les a mis en moi, et qui, d'un homme plein de faiblesse, de misère, de concupiscence, d'orgueil et d'ambition, a fait un homme exempt de tous ces maux par la force de sa grâce à laquelle toute gloire en est due, n'ayant de moi que la misère et l'erreur. »

Jamais il ne refusa l'aumône à aucun pauvre, malgré la modicité de sa fortune et les dépenses énormes que ses maladies lui occasionnaient. En face d'une grande misère, il donnait largement, au point d'être obligé de recourir ensuite à des emprunts. Aux prudents du siècle, qui blâmaient son excessive générosité, il avait coutume de fermer la bouche par ce simple mot : « J'ai remarqué une chose, c'est que, quelque pauvre qu'on soit, on laisse toujours quelque chose en mourant. » Inventeur des *Carrosses à cinq sols*, qui ont donné l'idée des *omnibus* modernes, il n'eut pas plutôt obtenu l'autorisation par lettres patentes de Louis XIV qu'il afferma son entreprise pour envoyer de suite une somme de mille francs aux pauvres de Blois ; quand les besoins étaient pressants, il se hâtait de faire la charité, et il distribuait d'avance aux pauvres l'argent qui devait lui revenir de ses inventions.

Dans toutes ses conversations, il recommandait à sa sœur et à ses nièces de se consacrer au service des pauvres. Cet exercice ne pouvait les divertir du soin de leur famille, car on peut le pratiquer sans nuire aux affaires domestiques. Secourir les pauvres et la vocation générale de tous les chrétiens; on n'a pas besoin de marque particulière pour savoir si on y est appelé, car le fait est certain. Jésus-Christ jugera le monde sur cette infidélité, et, si nous avions la foi, la seule pensée que l'omission de cette vertu peut nous conduire en enfer serait capable de nous inspirer le dépouillement de tous nos biens.

La fréquentation des pauvres nous est fort utile, parce qu'en voyant les misères dont ils sont accablés et la privation des soins les plus indispensables qu'ils endurent dans leurs maladies, il est impossible. à moins d'avoir un cœur de rocher, de ne pas prendre sur son superflu pour les assister. Tels étaient les motifs de charité que Pascal exposait à sa famille, en donnant toujours l'exemple par ses propres aumônes, qu'il voulut continuer même après sa mort, par le legs considérable qu'il fit aux hôpitaux de Paris.

Il logeait gratuitement dans sa maison une famille pauvre et lui fournissait le bois nécessaire au ménage pendant l'hiver. Un des enfants fut pris de la petite-vérole pendant que Pascal se trouvait lui-même très-malade. Sa sœur, madame Perier, n'osait plus lui donner ses soins, dans la crainte de gagner le mal épidémique en passant près de la chambre du varioleux. Il fallait donc renvoyer la famille pauvre, ou du moins faire conduire le jeune homme dans un hospice, mais l'air vif pouvait lui être funeste. Cette réflexion engagea Pascal à quitter sa demeure et à aller chez sa sœur, pour ne point exposer la vie de son protégé. Dans sa nouvelle résidence, qu'il ne devait plus quitter, il éprouvait une véritable confusion des soins affectueux dont il était l'objet. « J'ai pensé, disait-il à sa sœur, d'avoir ici un pauvre malade à qui on rende les mêmes services qu'à moi ; je veux qu'on prenne une garde exprès pour lui et qu'il n'y ait aucune différence de lui à moi, afin que j'aie cette consolation de savoir qu'il y a un pauvre aussi bien traité que moi, dans l'humiliation que je souffre de me voir dans une grande abondance de toutes choses. Car, quand je pense qu'au moment où je suis si bien il y a une infinité de pauvres plus malades que moi et qui manquent des choses les plus nécessaires, cela me fait une peine insupportable ; ainsi je vous prie de demander un malade à M. le Curé pour le dessein que j'ai. » Il lui fut répondu qu'il n'y avait point dans la paroisse de malade qu'on pût transporter à cette heure, mais qu'on lui donnerait bientôt un vieillard, dont il prendrait soin le reste de sa vie.

Toujours préoccupé de son même projet, il se demandait :

« D'où vient que je n'ai jamais rien fait pour les pauvres, quoique j'aie toujours eu un si grand amour pour eux ? » On lui remarquait qu'il n'avait pas assez de fortune pour donner selon ses désirs. « Puisque, disait-il, je n'avais pas de bien pour leur en donner, je devais leur donner mon temps et ma peine ; c'est à quoi j'ai failli ; et si les médecins disent vrai et si Dieu permet que je me relève de cette maladie, je suis résolu de n'avoir point d'autre emploi ni point d'autre occupation, tout le reste de ma vie, que le service des pauvres. » Comme il ne pouvait avoir un pauvre près de lui, il pria sa sœur de le faire porter aux Incurables, parce qu'il voulait au moins mourir en la compagnie des pauvres. Elle s'y refusa, en prétextant l'avis des médecins et le danger qu'il y aurait à le priver des bons offices de sa famille ; il lui fit néanmoins promettre de lui donner cette consolation, quand le mal deviendrait moins violent.

Le dévoûment sans bornes que Pascal professait pour la royauté lui paraissait un simple devoir de religion. Pendant les troubles de Paris, il se prononça hardiment contre les fauteurs de rébellions et les prétextes dont ils couvraient leur crime. Dans un état constitué en république, comme Venise, il regardait comme un mal de contribuer à y introduire un roi et d'opprimer la liberté des peuples à qui Dieu en a fait le don. Mais dans un état où la puissance royale se trouve légitimement établie, c'était, à ses yeux, une espèce de sacrilége que de violer le respect qu'on lui doit, parce qu'elle est, non-seulement une image de la puissance de Dieu, mais une participation de cette même puissance, à laquelle on ne saurait désobéir sans résister visiblement à l'ordre de Dieu. La guerre civile, conséquence ordinaire des révoltes, passe pour le plus grand crime contre la charité du prochain ; il avait à cet égard le même éloignement que pour le vol et l'assassinat, et malgré les avantages considérables qu'on lui offrait, il refusa d'entrer dans aucune cabale politique. Les ennemis du roi devenaient les siens, et la preuve qu'il ne suivait point en cela une opinion préconçue ou une obstination de sentiment, c'est qu'il se montrait d'une douceur parfaite envers ses ennemis particuliers. Il oubliait de suite les offenses faites à sa personne et se hâtait de rendre le bien pour le mal; par modestie, il prétendait ne pas agir d'une façon méritoire, mais uniquement parce qu'il ne se souvenait plus des injures ni des malveillances. Comme à toutes les âmes charitables, il lui arriva souvent d'obliger des ingrats et d'être récompensé de ses services par la calomnie ou la détraction; malgré tout, il s'empressait de continuer ses prévenances et ses bons offices, si l'occasion se présentait, aux malheureux qui avaient abusé de ses bienfaits.

Dans les pratiques de piété, sa candeur attirait l'admiration des personnes qui connaissaient sa science. Son plaisir était d'assister à l'office divin, et surtout au chant des petites heures, composées du psaume 118 : *Beati immaculati in via*, qu'il trouvait admirable et qu'il ne se lassait pas de réciter. La beauté littéraire et morale de ce cantique du roi-prophète devenait le texte de longues conversations, où il paraissait transporté hors de lui-même. Les dévotions les plus simples et les plus ordinaires suffisaient à sa ferveur et à l'envie qu'il eut toujours de ne pas se singulariser au service de Dieu. Chaque mois, il recevait les billets où l'on trouve avec la biographie d'un saint une sentence pratique; il ne manquait pas de remplir les obligations particulières que le sort lui avait imposées. A l'aide d'une sorte d'almanach spirituel, il connaissait d'avance les églises où l'on vénérait les reliques, où se faisait quelque solennité et les réunions de confréries, et il s'y rendait comme le plus humble des chrétiens. En parlant de cette simplicité, une personne de distinction constatait que la grâce de Dieu se fait connaître dans les grands esprits par les petites choses, et dans les esprits communs par les grandes. Un ecclésiastique disait à sa sœur : « Consolez-vous; si Dieu l'appelle, vous avez bien sujet de le louer des grâces qu'il lui fait. J'avais toujours admiré de grandes choses en lui, mais je n'y avais jamais remarqué la grande simplicité que je viens de voir. Cela est incomparable dans un esprit tel que le sien : je voudrais de tout mon cœur être à sa place. » Son confesseur, le père Beurrier, le trouvait humble et soumis comme un enfant, toujours disposé à reconnaître ses défauts et à suivre sans résistance les avis qu'on lui donnait.

Dans sa dernière maladie, il pratiqua encore avec plus de ferveur toutes les vertus chrétiennes, dont nous avons cité des exemples et il se prépara à la mort, avec une résignation parfaite. Malgré l'avis des médecins qui déclaraient que son état n'offrait pas la moindre apparence de danger, il demanda les derniers sacrements à plusieurs reprises et avec des instances réitérées. Tous ses amis objectèrent vainement qu'il ne fallait pas s'alarmer sans motif, il ne manqua pas de se confesser chaque fois que le curé de la paroisse lui rendait visite. Il désirait ardemment recevoir la sainte Eucharistie, mais il ne pouvait demeurer à jeun et il n'était pas encore en danger de mort pour communier en viatique. Cette privation lui était fort pénible et le portait à renouveler sa prière qui fut enfin exaucée, à la grande satisfaction de son entourage.

Madame Perier raconte ainsi les derniers moments de son frère qu'elle assista cordialement : « Il souffrait toujours sans se plaindre, et, une fois, dans le plus fort de sa douleur, le dix-septième d'août, il me pria de faire une consultation ; mais il entra en même temps en scrupule et me dit : « Je crains qu'il n'y ait trop de recherche dans cette demande. » Je ne laissai pas pourtant de la faire, et les médecins lui ordonnèrent de boire du petit-lait, lui assurant toujours qu'il n'y avait nul danger, et que ce n'était que la migraine mêlée avec la vapeur des eaux. Néanmoins, quoi qu'ils pussent dire, il ne les crut jamais, et me pria d'avoir un ecclésiastique pour passer la nuit auprès de lui, et moi-même je le trouvai si mal que je donnai ordre, sans en rien dire, d'apporter des cierges et tout ce qu'il fallait pour le faire communier le lendemain. Ces apprêts ne furent pas inutiles ; mais ils servirent plus tôt que nous n'avions pensé ; car, environ minuit, il lui prit une convulsion si violente que, quand elle fut passée, nous crûmes qu'il était mort, et nous avions cet extrême déplaisir avec tous les autres de le voir mourir sans le Saint-Sacrement, après l'avoir demandé si souvent avec tant d'instance. Mais Dieu, qui voulait récompenser un désir si fervent et si juste, suspendit comme par un miracle cette convulsion et lui rendit son jugement entier, comme dans sa parfaite santé; en sorte que M. le Curé, entrant dans sa chambre avec le Saint-Sacrement, lui cria : « Voici Celui que vous avez tant désiré ! » Ces paroles achevèrent de le réveiller; et comme M. le Curé approchait pour lui donner la communion, il fit un effort et il se leva seul à moitié, pour le recevoir avec plus de respect; et M. le Curé l'ayant interrogé, suivant la coutume, sur les principaux mystères de la foi, il répondit distinctement : « Oui, Monsieur, je crois tout cela de tout mon cœur. » Ensuite il reçut le saint viatique et l'extrême-onction avec des sentiments si tendres qu'il en versait des larmes. Il répondit à tout, remercia M. le Curé; et lorsqu'il le bénit avec le saint ciboire, il dit : « Que Dieu ne m'abandonne jamais. » Ce qui fut comme ses dernières paroles ; car après avoir fait son action de grâces, un moment après, ses convulsions le reprirent, qui ne le quittèrent plus, et qui ne lui lui laissèrent pas un instant de liberté d'esprit. Elles durèrent jusqu'à sa mort, qui fut vingt-quatre heures après, le dix-neuvième d'août 1662, à une heure du matin, âgé de trente-neuf ans, deux mois. »

Nous n'ajouterons à ce récit que le jugement impartial de Bayle, de cet homme qui fut tour à tour protestant, catholique et sceptique : « Cent volumes de sermons, écrivait-il à propos de Pascal, ne valent pas une vie telle que celle-là, et sont beaucoup moins capables de désarmer les impies. Ils ne peuvent plus nous dire qu'il n'y a que les petits esprits qui aient de la piété : car on leur en fait voir de la mieux poussée dans l'un des plus grands géomètres, des plus subtils métaphysiciens, et des plus pénétrants esprits qui aient jamais été au monde. La piété d'un tel philosophe devrait faire dire aux indévots et aux libertins ce que dit un jour un certain Dioclès en voyant Epicure dans un temple : *Quelle fête*, s'écria-t-il, *quel spectacle pour moi, de voir Epicure dans un temple! Tous mes soupçons s'évanouissent : la piété reprend sa place ; et je ne vis jamais mieux la grandeur de Jupiter, que depuis que je vois Epicure à genoux...* On fait bien de publier l'exemple d'une si grande vertu, pour empêcher la description de l'esprit du monde contre l'esprit de l'Evangile. » Nous n'avions pas d'autre but en commençant cette étude, puissions-nous avoir réussi !...

DEUXIÈME PARTIE.

PENSÉES CHOISIES.

PENSÉES CHOISIES DE PASCAL

AME.

Je ne parle que des vérités de notre portée; et c'est d'elles que je dis que l'esprit et le cœur sont comme les portes par où elles sont reçues dans l'âme, mais que bien peu entrent par l'esprit, au lieu qu'elles y sont introduites en foule par les caprices téméraires de la volonté, sans le conseil du raisonnement.

*
* *

Ces grands efforts d'esprit où l'âme touche quelquefois sont choses où elle ne se tient pas. Elle y saute seulement; non, comme sur le trône, pour toujours, mais pour un instant seulement.

*
* *

Les choses ont diverses qualités, et l'âme diverses inclinations; car rien n'est simple de ce qui s'offre à l'âme, et l'âme ne s'offre jamais simple à aucun sujet. De là vient qu'on pleure et qu'on rit quelquefois d'une même chose.

*
* *

Il est indubitable que : que l'âme soit mortelle ou immortelle, cela doit mettre une différence entière dans la morale; et cependant les philosophes ont conduit la morale indépendamment de cela.

*
* *

L'immortalité de l'âme est une chose qui nous importe si fort, qui nous touche si profondément, qu'il faut avoir perdu tout sentiment pour être dans l'indifférence de savoir ce qui en est. Toutes nos actions et nos pensées doivent prendre des routes si différentes, selon qu'il y aura des biens éternels à espérer ou non, qu'il est impossible de faire une démarche avec sens et jugement, qu'en la réglant par la vue de ce point qui doit être notre dernier objet. Ainsi notre premier intérêt et notre premier devoir est de nous éclaircir sur ce sujet, d'où dépend toute notre conduite.

*
* *

Il ne faut pas avoir l'âme fort élevée pour comprendre qu'il n'y a point ici-bas de satisfaction véritable et solide; que tous nos plaisirs ne sont que vanité : que nos maux sont infinis, et qu'enfin la mort qui nous menace à chaque instant doit infailliblement nous mettre dans peu d'années dans l'horrible nécessité d'être éternellement ou anéantis ou malheureux. Il n'y a rien de plus réel que cela, ni de plus terrible. Faisons tant que nous voudrons les braves; voilà la fin qui attend la plus belle vie du monde. Qu'on fasse réflexion là-dessus et qu'on dise ensuite qu'il n'est pas indubitable qu'il n'y a de bien en cette vie qu'en l'espérance d'une autre vie; qu'on n'est heureux qu'à mesure qu'on s'en approche, et que comme il n'y aura plus de malheurs pour ceux qui avaient une entière assurance de l'éternité, il n'y aura point aussi de bonheur pour ceux qui n'en ont aucune lumière.

*
* *

L'âme souffre et meurt au péché dans la pénitence et dans le baptême; l'âme ressuscite à une nouvelle vie dans le même baptême; l'âme quitte la terre et monte au ciel à l'heure de la mort, et sied à la droite au temps où Dieu l'ordonne.

*
* *

A la mort, le corps meurt à sa vie mortelle : au jugement, il ressuscitera à une nouvelle vie : après le jugement, il montera au ciel et sera à la droite. Ainsi les mêmes choses arrivent au corps et à l'âme, mais en différents temps ; et les changements du corps n'arrivent que quand ceux de l'âme sont accomplis, c'est-à-dire à l'heure de la mort : de sorte que la mort est le couronnement de la béatitude de l'âme, et le commencement de la béatitude du corps.

*
* *

Notre âme est jetée dans le corps où elle trouve nombre, temps, dimension. Elle raisonne là-dessus et appelle cela nature, nécessité et ne peut croire autre chose.

BONHEUR.

Par un étrange renversement de la nature de l'homme, il se trouve que l'ennui, qui est son mal le plus sensible, est en quelque sorte son plus grand bien, parce qu'il peut contribuer plus que toutes choses à lui faire chercher sa véritable guérison ; et que le divertissement, qu'il regarde comme son plus grand bien, est en effet son plus grand mal, parce qu'il l'éloigne plus que toutes choses de chercher le remède à ses maux : et l'un et l'autre sont une preuve admirable de la misère et de la corruption de l'homme, et en même temps de sa grandeur, puisque l'homme ne s'ennuie de tout et ne cherche cette multitude d'occupations que parce qu'il a l'idée du bonheur qu'il a perdu, lequel ne trouvant point en soi, il le cherche inutilement dans les choses extérieures, sans pouvoir jamais se contenter, parce qu'il n'est ni dans nous, ni dans les créatures, mais en Dieu seul.

*
* *

L'homme, quelque heureux qu'il soit, s'il n'est diverti et occupé par quelque passion ou quelque amusement qui empêche l'ennui de se répandre, sera bientôt chagrin et malheureux. Sans divertissement il n'y a point de joie, avec le divertissement il n'y a point de tristesse. Et c'est aussi ce qui forme le bonheur des personnes de grande condition, qu'ils ont un nombre de personnes qui les divertissent et qu'ils ont le pouvoir de se maintenir dans cet état.

*
* *

Le roi est environné de gens qui ne pensent qu'à divertir le roi et l'empêchent de penser à lui. Car il est malheureux, tout roi qu'il est, s'il y pense. Voilà tout ce que les hommes ont pu inventer pour se rendre heureux.

*
* *

Les hommes n'ayant pu guérir la mort, la misère, l'ignorance, se sont avisés, pour se rendre heureux, de ne point y penser. Nonobstant ces misères, il veut être heureux et ne veut être qu'heureux et ne peut ne vouloir pas l'être ; mais comment s'y prendra-t-il ? Il faudrait pour bien faire qu'il se rendît immortel ; mais, ne le pouvant, il s'est avisé de s'empêcher d'y penser.

*
* *

Si l'homme était heureux, il le serait d'autant plus qu'il serait moins diverti, comme les saints et Dieu. Oui ; mais n'est-ce pas être heureux que de pouvoir être réjoui par le divertissement ? Non, car il vient d'ailleurs et de dehors, et ainsi il est dépendant, et partout sujet à être troublé par mille accidents qui font les afflictions inévitables.

*
* *

Tous les hommes recherchent d'être heureux : cela est sans exception. Quelques différents moyens qu'ils y emploient, ils tendent tous à ce but. Ce qui fait que les uns vont à la guerre et que les autres n'y vont pas, est ce même désir qui est, dans tous les deux, accompagné de différentes vues. La volonté ne fait jamais la moindre démarche que vers cet objet. C'est le motif de toutes les actions de tous les hommes, jusqu'à ceux qui vont se pendre. Et cependant, depuis un si grand nombre d'années, jamais personne sans la foi n'est arrivé à ce point où tous visent continuellement. Tous se plaignent, princes, sujets; nobles, roturiers; vieux, jeunes; forts, faibles, savants, ignorants; sains, malades; de tous pays, de tous les temps; de tous âges et de toutes conditions.

* * *

Qu'est-ce donc que nous crie cette avidité et cette impuissance, sinon qu'il y a eu autrefois dans l'homme un véritable bonheur, dont il ne lui reste maintenant que la marque et la trace toute vide, et qu'il essaie inutilement de remplir de tout ce qui l'environne, recherchant des choses absentes le secours qu'il n'obtient pas des présentes, mais qui en sont toutes incapables, parce que ce gouffre infini ne peut être rempli que par un objet infini et immuable, c'est-à-dire que par Dieu même.

CHARITÉ.

Il y a deux principes qui partagent les volontés des hommes : la cupidité et la charité. Ce n'est point que la cupidité ne puisse être avec la foi en Dieu, et que la charité ne soit avec les biens de la terre. Mais la cupidité use de Dieu et jouit du monde; et la charité, au contraire.

* * *

La distance infinie les corps aux esprits figure la distance infiniment plus infinie des esprits à la charité; car elle est surnaturelle.

*
* *

Tous les corps ensemble, et tous les esprits ensemble, et toutes les productions ne valent pas le moindre mouvement de charité : cela est d'un ordre infiniment plus élevé.

*
* *

De tous les corps ensemble on ne saurait en faire réussir une petite pensée : cela est impossible, et d'un autre ordre. De tous les corps et esprits on n'en saurait tirer un mouvement de la vraie charité : cela est impossible, et d'un autre ordre surnaturel.

*
* *

Ce qui fait qu'on ne croit pas les vrais miracles est le manque de charité : *Sed vos non creditis quia non estis ex ovibus.* Ce qui fait croire le faux est le manque de charité.

DIEU.

Quand nous voulons penser à Dieu, n'y a-t-il rien qui nous détourne, nous tente de penser ailleurs? Tout cela est mauvais, et né avec nous.

*
* *

Dieu est environné de gens pleins de charité, qui lui demandent les biens de la charité qui sont en sa puissance : ainsi il est proprement le roi de la charité.

*
* *

Rien n'accuse davantage une extrême faiblesse d'esprit que de ne pas connaître quel est le malheur d'un homme sans Dieu ; rien ne marque davantage une mauvaise disposition du cœur que de ne pas souhaiter la vérité des promesses éternelles ; rien n'est plus lâche que de faire le brave contre Dieu.

***

Toute religion est fausse qui, dans sa foi, n'adore pas un Dieu comme principe de toutes choses, et qui, dans sa morale, n'aime pas un seul Dieu comme objet de toutes choses.

***

Il faut que la justice de Dieu soit énorme comme sa miséricorde : or, la justice envers les réprouvés est moins énorme et doit moins choquer que la miséricorde envers les élus.

***

On peut bien connaître qu'il y a un Dieu sans savoir ce qu'il est. Mais par la foi nous connaissons son existence; par la gloire nous connaitrons sa nature.

***

Le Dieu des chrétiens ne consiste pas en un Dieu simplement auteur des vérités géométriques et de l'ordre des éléments : c'est la part des païens et des épicuriens. Il ne consiste pas seulement en un Dieu qui exerce sa providence sur la vie et sur les biens des hommes, pour donner une heureuse suite d'années à ceux qui l'adorent : c'est la portion des Juifs. Mais le Dieu d'Abraham, le Dieu d'Isaac, le Dieu de Jacob, le Dieu des chrétiens, est un Dieu d'amour et de consolation : c'est un Dieu qui remplit l'âme et le cœur qu'il possède; c'est un Dieu qui leur fait sentir intérieurement leur misère et sa miséricorde infinie; qui s'unit au fond de leur âme; qui la remplit d'humilité, de joie, de confiance, d'amour ; qui les rend incapables d'autre fin que de lui-même.

***

Il est sans doute qu'il n'y a point de bien sans la connaissance de Dieu : qu'à mesure qu'on en approche on est heureux et que le dernier bonheur est de le connaître avec certitude; qu'à mesure qu'on s'en éloigne on est malheureux, et que le dernier malheur serait la certitude du contraire.

*\
* *

Il faut n'aimer que Dieu et ne haïr que soi.

*\
* *

Il faut que pour rendre l'homme heureux la véritable religion lui montre qu'il y a un Dieu; qu'on est obligé de l'aimer; que notre vraie félicité est d'être en lui, et notre unique mal d'être séparé de lui; qu'elle reconnaisse que nous sommes pleins de ténèbres qui nous empêchent de le connaître et de l'aimer; et qu'ainsi nos devoirs nous obligeant d'aimer Dieu et nos concupiscences nous en détournant, nous sommes pleins d'injustice. Il faut qu'elle nous rende raison de ces oppositions que nous avons à Dieu et à notre propre bien, il faut qu'elle nous enseigne les remèdes à ces impuissances et les moyens d'obtenir ces remèdes. Qu'on examine sur cela toutes les religions du monde, et qu'on voie s'il y en a une autre que la chrétienne qui y satisfasse.

*\
* *

Dieu a voulu racheter les hommes, et ouvrir le salut à ceux qui le chercheraient. Mais les hommes s'en rendent si indignes, qu'il est juste que Dieu refuse à quelques-uns, à cause de leur endurcissement, ce qu'il accorde aux autres par une miséricorde qui ne leur est pas due. S'il eût voulu surmonter l'obstination des plus endurcis, il l'eût pu en se découvrant si manifestement à eux qu'ils n'eussent pu douter de la vérité de son essence, comme il paraîtra au dernier jour, avec un tel éclat de foudres et un tel renversement de la nature, que les morts ressuscités et les plus aveugles le verront.

*
* *

Ce n'est pas en cette sorte qu'il a voulu paraître dans son avènement de douceur; parce que tant d'hommes se rendant indignes de sa clémence, il a voulu les laisser dans la privation du bien qu'ils ne veulent pas. Il n'était donc pas juste qu'il parût d'une manière manifestement divine et absolument capable de convaincre tous les hommes; mais il n'était pas juste aussi qu'il vînt d'une manière si cachée, qu'il ne pût être reconnu de ceux qui le chercheraient sincèrement. Il a voulu se rendre parfaitement connaissable à ceux-là; et ainsi, voulant paraître à découvert à ceux qui le cherchent de tout leur cœur et caché à ceux qui le fuient de tout leur cœur, il tempère sa connaissance en sorte qu'il a donné des marques de soi visibles à ceux qui le cherchent, et obscures à ceux qui ne le cherchent pas. Il y a assez de lumière pour ceux qui ne désirent que de voir, et assez d'obscurité pour ceux qui ont une disposition contraire.

*
* *

Il est donc vrai que tout instruit l'homme de sa condition; mais il le faut bien entendre; car il n'est pas vrai que tout découvre Dieu, et il n'est pas vrai que tout cache Dieu. Mais il est vrai tout ensemble qu'il se cache à ceux qui le tentent et qu'il se découvre à ceux qui le cherchent, parce que les hommes sont tous ensemble indignes de Dieu et capables de Dieu; indignes par leur corruption, capables par leur première nature.

*
* *

L'être éternel est toujours s'il est une fois.

*
* *

Il n'y a rien sur la terre qui ne montre ou la misère de l'homme ou la miséricorde de Dieu; ou l'impuissance de l'homme sans Dieu, ou la puissance de l'homme avec Dieu.

*
* *

Il est non-seulement juste, mais utile pour nous que Dieu soit caché en partie et découvert en partie, puisqu'il est également dangereux à l'homme de reconnaître Dieu sans connaître sa misère et de connaître sa misère sans connaître Dieu.

S'il n'avait jamais rien paru de Dieu, cette privation éternelle serait équivoque et pourrait aussi bien se rapporter à l'absence de toute divinité ou à l'indignité où seraient les hommes de le connaître. Mais de ce qu'il paraît quelquefois, et non pas toujours cela ôte l'équivoque. S'il paraît une fois, il est toujours; et ainsi on n'en peut conclure sinon qu'il y a un Dieu et que les hommes en sont indignes.

*
* *

Que si la miséricorde de Dieu est si grande qu'il nous instruit salutairement, même lorsqu'il se cache, quelle lumière n'en devons-nous pas attendre lorsqu'il se découvre ?

*
* *

Dieu veut plus disposer la volonté que l'esprit. La clarté parfaite servirait à l'esprit et nuirait à la volonté.

*
* *

C'est une chose admirable que jamais auteur canonique ne s'est servi de la nature pour prouver Dieu; tous tendent à le faire croire : David, Salomon, etc., jamais n'ont dit : Il n'y a point de vide, donc il y a un Dieu. Il fallait qu'ils fussent plus habiles que les plus habiles gens qui sont venus depuis, qui s'en sont tous servis. Cela est très-considérable.

*
* *

Tous ceux qui cherchent Dieu hors de Jésus-Christ et qui s'arrêtent dans la nature, où ils ne trouvent aucune lumière qui les satisfasse, ou ils arrivent à se former un moyen de connaître Dieu et de le servir sans médiateur, et par là ils tombent ou dans l'athéisme ou dans le déisme : qui sont deux choses que la religion abhorre presque également. Sans Jésus-Christ le monde ne subsisterait pas ; car il faudrait, ou qu'il fût détruit, ou qu'il fût comme un enfer.

*
* *

La conduite de Dieu, qui dispose toutes choses avec douceur, est de mettre la religion dans l'esprit par les raisons et dans le cœur par la grâce. Mais de la vouloir mettre dans l'esprit et dans le cœur par la force et par les menaces, ce n'est pas y mettre la religion, mais la terreur.

*
* *

Deux sortes de personnes connaissent Dieu : ceux qui ont le cœur humilié, et qui aiment la bassesse, quelque degré d'esprit qu'ils aient, haut ou bas ; ou ceux qui ont assez d'esprit pour voir la vérité, quelque opposition qu'ils y aient.

*
* *

S'il y a un Dieu, il ne faut aimer que lui, et non les créatures passagères. Le raisonnement des impies, dans la *Sagesse*, n'est fondé que sur ce qu'il n'y a point de Dieu. Cela posé, disent-ils, jouissons donc des créatures : c'est le pis-aller. Mais s'il y avait un Dieu à aimer, ils n'auraient pas conclu cela, mais le contraire. Et c'est la conclusion des sages : Il y a un Dieu ; ne jouissons donc pas des créatures.

*
* *

Donc tout ce qui nous incite à nous attacher aux créatures est mauvais, puisque cela nous empêche, ou de servir Dieu, si nous le connaissons, ou de le chercher, si nous l'ignorons. Or nous sommes pleins de concupiscence : donc nous sommes pleins de mal ; donc nous devons nous haïr nous-mêmes et tout ce qui nous excite à autre attache que Dieu seul.

*
* *

Nous devons chercher la consolation à nos maux, non pas dans nous-mêmes, non pas dans les hommes, non pas dans tout ce qui est créé, mais dans Dieu. Et la raison en est que toutes les créatures ne sont pas la première cause des accidents que nous appellons maux; mais que la providence de Dieu en étant l'unique et véritable cause, l'arbitre et la souveraine, il est indubitable qu'il faut recourir directement à la source et remonter jusqu'à l'origine pour trouver un solide allégement.

ÉCRITURE SAINTE.

Le style de l'Evangile est admirable en tant de manières, et entre autres en ne mettant jamais aucune invective contre les bourreaux. Car il n'y en a aucune des historiens contre Judas, Pilate, ni aucun des Juifs.

*
* *

Si cette modestie des historiens évangéliques avait été affectée, aussi bien que tant d'autres traits d'un si beau caractère, et qu'ils ne l'eussent affecté que pour le faire remarquer ; s'ils n'avaient osé le remarquer eux-mêmes, ils n'auraient pas manqué de se procurer des amis qui eussent fait ces remarques à leur avantage. Mais comme ils ont agi de la sorte sans affectation, et par un mouvement tout désintéressé, ils ne l'ont fait remarquer à personne. Et je crois que plusieurs de ces choses n'ont point été remarquées jusqu'ici ; et c'est ce qui témoigne la froideur avec laquelle la chose a été faite.

*
* *

Le voile qui est sur ces livres de l'Ecriture pour les Juifs y est aussi pour les mauvais chrétiens, et pour tous ceux qui ne se haïssent pas eux-mêmes. Mais qu'on est bien disposé à les entendre et à connaître Jésus-Christ quand on se hait véritablement soi-même !

*
* *

La création du monde commençant à s'éloigner, Dieu a pourvu d'un historien unique contemporain, et a commis tout un peuple pour la garde de ce livre, afin que cette histoire fût la plus authentique du monde, et que tous les hommes pussent apprendre une chose si nécessaire à savoir, et qu'on ne pût la savoir que par là.

*
* *

Les Juifs portent avec amour et fidélité le livre où Moïse déclare qu'ils ont été ingrats envers Dieu toute leur vie, et qu'il sait qu'ils le seront encore plus après sa mort ; mais qu'il appelle le ciel et la terre à témoin contre eux, et qu'il leur a enseigné assez. Il déclare qu'enfin Dieu s'irritant contre eux les dispersera parmi tous les peuples de la terre ; que comme ils l'ont irrité en adorant les dieux qui n'étaient point leur dieu, de même il les provoquera en appellant un peuple qui n'est point son peuple ; et veut que toutes ses paroles soient conservées éternellement et que son livre soit mis dans l'arche d'alliance pour servir à jamais de témoin contre eux.

*
* *

Cependant ce livre qui les déshonore en tant de façons, ils le conservent aux dépens de leur vie. C'est une sincérité qui n'a point d'exemple dans le monde, ni sa racine dans la nature. Il y a bien de la différence entre un livre que fait un particulier et qu'il jette dans le peuple, et un livre qui fait lui-même un peuple : on ne peut douter que le livre ne soit aussi ancien que le peuple.

*
* *

L'Ancien Testament contenait les figures de la joie future, et le Nouveau Testament contient les moyens d'y arriver. Les figures étaient de joie, les moyens sont de pénitence, et néanmoins l'agneau pascal était mangé avec des laitues sauvages.

*
* *

Quand la parole de Dieu, qui est véritable, est fausse littéralement, elle est vraie spirituellement. *Sede a dextris meis.* Cela est faux littéralement, donc cela est vrai spirituellement. En ces expressions il est parlé de Dieu à la manière des hommes; et cela ne signifie autre chose sinon que l'intention que les hommes ont en faisant asseoir à leur droite, Dieu l'aura aussi. C'est donc une marque de l'intention de Dieu, non de sa manière de l'exécuter.

*
* *

Combien doit-on estimer ceux qui nous apprennent à connaître le sens caché; et principalement quand les principes qu'ils en prennent sont tout à faits naturels et clairs! C'est ce qu'ont fait Jésus-Christ et les apôtres. Ils ont levé le sceau; il a rompu le voile et découvert l'esprit. Ils nous ont appris pour cela que les ennemis de l'homme sont ses passions; que le Rédempteur serait spirituel; qu'il y aurait deux avènements : un de misère, pour abaisser l'homme superbe; l'autre de gloire, pour élever l'homme humilié; que Jésus-Christ serait Dieu et homme.

*
* *

Combien les lunettes nous ont-elles découvert d'êtres qui n'étaient point pour nos philosophes d'auparavant! On entreprenait méchamment l'Ecriture-Sainte sur le grand nombre des étoiles, en disant : Il n'y en a que mille vingt-deux; nous le savons.

*
* *

Sans l'Ecriture, qui n'a que Jésus-Christ pour objet, nous ne connaissons rien et ne voyons qu'obscurité et confusion dans la nature de Dieu et dans la propre nature.

ÉGLISE.

Qu'ils apprennent au moins quelle est la religion qu'ils combattent, avant que de la combattre. Si cette religion se vantait d'avoir une vue claire de Dieu, et de le posséder à découvert et sans voile, ce serait la combattre que de dire qu'on ne voit rien dans le monde qui la montre avec cette évidence. Mais puisqu'elle dit, au contraire, que les hommes sont dans les ténèbres et dans l'éloignement de Dieu, qu'il s'est caché à leur connaissance, que c'est même le nom qu'il se donne dans les Ecritures; et enfin si elle travaille également à établir ces deux choses : que Dieu a établi des marques sensibles dans l'Eglise pour se faire reconnaître à ceux qui le chercheraient sincèrement, et qu'il les a couvertes néanmoins de telle sorte qu'il ne sera aperçu que de ceux qui le cherchent de tout leur cœur, quel avantage peuvent-ils tirer, lorsque, dans la négligence où ils font profession d'être, de chercher la vérité, ils crient que rien ne la leur montre; puisque cette obscurité où ils sont, et qu'ils objectent à l'Eglise, ne fait qu'établir une des choses qu'elle soutient, sans toucher à l'autre, et établit sa doctrine bien loin de la ruiner?

⁂

Il faudrait, pour la combattre, qu'ils criassent qu'ils ont fait tous leurs efforts pour la chercher partout, et même dans ce que l'Eglise propose pour s'en instruire, mais sans aucune satisfaction. S'ils parlaient de la sorte, ils combattraient à la vérité une de ses prétentions. Mais j'espère montrer qu'il n'y a personne raisonnable qui puisse parler de la sorte ; et j'ose même dire que jamais personne ne l'a fait.

⁂

Le Messie est venu enfin en la consommation des temps : et depuis on a vu naître tant de schismes et d'hérésies, tant renverser d'Etats, tant de changements en toutes choses, et cette Eglise qui adore celui qui a toujours été adoré, a subsisté sans interruption. Et ce qui est admirable, incomparable, et tout a fait divin, est que cette religion qui a toujours duré a toujours été combattue. Mille fois elle a été à la veille d'une destruction universelle; et toutes les fois qu'elle a été en cet état, Dieu l'a relevée par des coups extraordinaires de sa puissance. C'est ce qui est étonnant, et qu'elle s'est maintenue sans fléchir et plier sous la volonté des tyrans.

*
* *

La synagogue ne périssait point, parce qu'elle était la figure, mais parce qu'elle n'était que la figure elle est tombée dans la servitude. La figure a subsisté jusqu'à la vérité, afin que l'Eglise fût toujours visible ou dans la peinture qui la promettait ou dans l'effet.

*
* *

L'Eglise a eu autant de peine à montrer que Jésus-Christ était homme, contre ceux qui le niaient, qu'à montrer qu'il était Dieu ; et les apparences étaient aussi grandes.

*
* *

La religion catholique n'oblige pas à découvrir ses péchés indifféremment à tout le monde : elle souffre qu'on demeure caché à tous les autres hommes; mais elle en excepte un seul à qui elle commande de découvrir le fond de son cœur et de se faire voir tel qu'on est. Il n'y a que ce seul homme au monde qu'elle nous ordonne de désabuser, et elle l'oblige à un secret qui fait que cette connaissance est dans lui comme si elle n'y était pas. Peut-on s'imaginer rien de plus charitable et de plus doux? Et néanmoins la corruption de l'homme est telle, qu'il trouve encore de la dureté dans cette loi; et c'est une des principales raisons qui a fait révolter contre l'Eglise une grande partie de l'Europe.

*
* *

Il est dit : Croyez à l'Eglise; mais il n'est pas dit : Croyez aux miracles; à cause que le dernier est naturel, et non pas le premier. L'un avait besoin de précepte, non pas l'autre.

*
* *

L'Eglise a trois sortes d'ennemis : les Juifs, qui n'ont jamais été de son corps; les hérétiques, qui s'en sont retirés; et les mauvais chrétiens, qui la déchirent en dedans.

*
* *

C'est l'Eglise qui mérite avec Jésus-Christ, qui en est inséparable, la conversion de tous ceux qui ne sont pas dans la véritable religion; et ce sont ensuite ces personnes converties qui secourent la mère qui les a délivrées.

*
* *

Le corps n'est pas plus vivant sans le chef, que le chef sans le corps. Quiconque se sépare de l'un ou de l'autre n'est plus du corps, et n'appartient plus à Jésus-Christ. Toutes les vertus, le martyre, les austérités et toutes les bonnes œuvres sont inutiles hors de l'Eglise et de la communion du chef de l'Eglise, qui est le Pape.

*
* *

Il y a plaisir d'être dans un vaisseau battu de l'orage, lorsqu'on est assuré qu'il ne périra point. Les persécutions qui travaillent l'Eglise sont de cette nature. L'histoire de l'Eglise doit être proprement appelée l'histoire de la vérité.

*
* *

Dieu ne regarde que l'intérieur : l'Eglise ne juge que par l'extérieur. Dieu absout aussitôt qu'il voit la pénitence dans le cœur; l'Eglise, quand elle la voit dans les œuvres. Dieu fera une Eglise pure au-dedans, qui confonde par sa sainteté intérieure et toute spirituelle l'impiété extérieure des sages superbes et des pharisiens; et l'Eglise fera une assemblée d'hommes dont les mœurs extérieures soient si pures, qu'elles confondent les mœurs des païens. S'il y a des hypocrites si bien déguisés qu'elle n'en connaisse pas le venin, elle les souffre; car encore qu'ils ne soient pas reçus de Dieu, qu'ils ne peuvent tromper, ils le sont des hommes qu'ils trompent. Ainsi elle n'est pas déshonorée par leur conduite qui paraît sainte.

*
* *

Le Pape est le premier. Quel autre est connu de tous? Quel autre est reconnu de tous ayant pouvoir d'influer par tout le corps, parce qu'il tient la maîtresse branche qui influe partout ?

*
* *

On aime la sûreté, on aime que le Pape soit infaillible en la foi, et que les docteurs graves le soient dans leurs mœurs, afin d'avoir son assurance.

FOI.

Il y a deux vérités de foi également constantes : l'une, que l'homme, dans l'état de la création, ou dans celui de la grâce, est élevé au-dessus de toute la nature, rendu semblable à Dieu et participant de la Divinité; l'autre, qu'en l'état de corruption et du péché, il est déchu de cet état et rendu semblable aux bêtes. Ces deux propositions sont également fermes et certaines.

*
* *

La foi chrétienne ne va principalement qu'à établir ces deux choses : la corruption de la nature et la rédemption de Jésus-Christ.

*
* *

La foi dit bien ce que les sens ne disent pas ; mais non le contraire de ce qu'ils voient. Elle est au-dessus et non pas contre.

*
* *

La raison ne se soumettrait jamais, si elle jugeait qu'il y a des occasions où elle se doit soumettre. Il est donc juste qu'elle se soumette quand elle juge qu'elle doit se soumettre. Il n'y a rien de si conforme à la raison que ce désaveu de la raison.

*
* *

Toute la foi consiste en Jésus-Christ et en Adam ; et toute la morale en la concupiscence et en la grâce.

*
* *

Ne vous étonnez pas de voir des personnes simples croire sans raisonnement. Dieu leur donne l'amour de soi et la haine d'eux-mêmes. Il incline leur cœur à croire. On ne croira jamais d'une créance utile et de foi, si Dieu n'incline le cœur ; et on croira dès qu'il l'inclinera.

*
* *

Il y a trois moyens de croire : la raison, la coutume, l'inspiration. La religion chrétienne, qui seule a la raison, n'admet pas pour ses vrais enfants ceux qui croient sans inspiration : ce n'est pas qu'elle exclue la raison et la coutume ; au contraire ; mais il faut ouvrir son esprit aux preuves, s'y confirmer par la coutume ; mais s'offrir par les humiliations aux inspirations, qui seules peuvent faire le vrai et salutaire effet.

*
* *

Ceux qui croient sans avoir lu les Testaments, c'est parce qu'ils ont une disposition intérieure toute sainte, et que ce qu'ils entendent dire de notre sainte religion y est conforme. Ils sentent qu'un Dieu les a faits. Ils ne veulent aimer que Dieu; ils ne veulent haïr qu'eux-mêmes. Ils sentent qu'ils n'en ont pas la force d'eux-mêmes; qu'ils sont incapables d'aller à Dieu; et que, si Dieu ne vient à eux, ils ne peuvent avoir aucune communication avec lui. Et ils entendent dire dans notre religion qu'il ne faut aimer que Dieu, et ne haïr que soi-même; mais qu'étant tous corrompus et incapables de Dieu, Dieu s'est fait homme pour s'unir à nous. Il n'en faut pas davantage pour persuader des hommes qui ont cette disposition dans le cœur, et qui ont cette connaissance de leur devoir et de leur incapacité.

*
* *

Le cœur a ses raisons que la raison ne connaît point : on le sait en mille choses. Je dis que le cœur aime l'être universel naturellement et soi-même naturellement, selon qu'il s'y adonne; et il se durcit contre l'un ou l'autre, à son choix. Vous avez rejeté l'un et conservé l'autre : est-ce par raison que vous aimez? C'est le cœur qui sent Dieu et non la raison. Voilà ce que c'est que la foi : Dieu sensible au cœur, non à la raison.

*
* *

J'aurais bientôt quitté les plaisirs, disent-ils, si j'avais la foi. Et moi je vous dis : Vous auriez bientôt la foi, si vous aviez quitté les plaisirs; or, c'est à vous à commencer. Si je pouvais, je vous donnerais la foi. Je ne puis le faire, ni pourtant éprouver la vérité de ce que vous dites. Mais vous pouvez bien quitter les plaisirs et éprouver si ce que je dis est vrai.

* *
*

La grandeur de la foi éclate bien davantage lorsque l'on tend à l'immortalité par les ombres de la mort.

***

La foi est différente de la preuve : l'une est humaine, l'autre est un don de Dieu, *justus ex fide vivit* ; c'est de cette foi que Dieu lui-même met dans le cœur, dont la preuve est souvent l'instrument : *fides ex auditu*. Mais cette foi est dans le cœur et fait dire non *scio*, mais *credo*...

***

La foi reçue au baptême est la source de toute la vie du chrétien et des convertis.

***

Ceux à qui Dieu a donné la religion par sentiment du cœur sont bien heureux et bien légitimement persuadés. Mais à ceux qui ne l'ont pas, nous ne pouvons la donner que par raisonnement, en attendant que Dieu la leur donne par sentiment de cœur, sans quoi la foi n'est qu'humaine et inutile pour le salut.

HOMME.

L'homme n'est qu'un roseau le plus faible de la nature, mais c'est un roseau pensant. Il ne faut pas que l'univers entier s'arme pour l'écraser. Une vapeur, une goutte d'eau suffit pour le tuer. Mais quand l'univers l'écraserait, l'homme serait encore plus noble que ce qui le tue, parce qu'il sait qu'il meurt ; et l'avantage que l'univers a sur lui, l'univers n'en sait rien. Toute notre dignité consiste donc en la pensée. C'est de là qu'il faut nous relever, non de l'espace et de la durée que nous ne saurions remplir. Travaillons donc à bien penser : voilà le principe de la morale.

***

L'homme est visiblement fait pour penser : c'est toute sa dignité et tout son mérite ; et tout son devoir est de penser comme il faut : or l'ordre de la pensée est de commencer par soi, et par son auteur et sa fin.

Or, à quoi pense le monde? Jamais à cela ; mais à danser, à jouer du luth, à chanter, à faire des vers, à courir la bague, etc. ; à se bâtir, à se faire roi, sans penser à ce que c'est qu'être roi et qu'être homme.

*
* *

Salomon et Job ont le mieux connu et le mieux parlé de la misère de l'homme : l'un le plus heureux et l'autre le plus malheureux ; l'un connaissant la vanité des plaisirs par expérience, l'autre la réalité des maux.

*
* *

Quelle nécessité y a-t-il d'expliquer ce qu'on entend par le mot *homme?* Ne sait-on pas assez quelle est la chose qu'on veut désigner par ce terme? Et quel avantage pensait nous procurer Platon, en disant que c'était un animal à deux jambes, sans plumes? Comme si l'idée que j'en ai naturellement, et que je ne puis exprimer n'était pas plus nette et plus sûre que celle qu'il me donne par son explication inutile et même ridicule; puisqu'un homme ne perd pas l'humanité en perdant les deux jambes, et qu'un chapon ne l'acquiert pas en perdant ses plumes.

*
* *

L'homme n'est produit que pour l'infinité. Il est dans l'ignorance au premier âge de sa vie; mais il s'instruit sans cesse dans son progrès, car il tire avantage, non-seulement de sa propre expérience, mais encore de celle de ses prédécesseurs, parce qu'il garde toujours dans sa mémoire les connaissances qu'il s'est une fois acquises, et que celles des anciens lui sont toujours présentes dans les livres qu'ils en ont laissés. Et comme il conserve ces connaissances, il peut aussi les augmenter facilement ; de sorte que les hommes sont aujourd'hui en quelque sorte dans le même état où se trouvaient ces anciens philosophes, s'ils pouvaient avoir veilli jusques à présent, en ajoutant aux connaissances qu'ils avaient celles que leurs études auraient pu leur acquérir à la faveur de tant de siècles.

C'est une maladie naturelle à l'homme de croire qu'il possède la vérité directement ; et de là vient qu'il est toujours disposé à nier tout ce qui lui est incompréhensible ; au lieu qu'en effet il ne connaît naturellement que le mensonge et qu'il ne doit prendre pour véritables que les choses dont le contraire lui paraît faux.

*
* *

Deux choses instruisent l'homme de toute sa nature : l'instinct et l'expérience.

*
* *

Que l'homme contemple donc la nature entière dans sa haute et pleine majesté ; qu'il éloigne sa vue des objets bas qui l'environnent ; qu'il regarde cette éclatante lumière mise comme une lampe éternelle pour éclairer l'univers ; que la terre lui paraisse comme un point, au prix du vaste tour que cet astre décrit ; et qu'il s'étonne de ce que ce vaste tour lui-même n'est qu'un point très-délicat à l'égard de celui que les astres, qui roulent dans le firmament, embrassent. Mais si notre vue s'arrête là, que l'imagination passe outre : elle se lassera plutôt de concevoir que la nature de fournir. Tout ce monde visible n'est qu'un trait imperceptible dans l'ample sein de la nature. Nulle idée n'en approche. Nous avons beau enfler nos conceptions au-delà des espaces imaginables : nous n'enfantons que des atômes, au prix de la réalité des choses. C'est une sphère infinie dont le centre est partout, la circonférence nulle part. Enfin c'est le plus grand caractère sensible de la toute-puissance de Dieu, que notre imagination se perde dans cette pensée.

*
* *

Que l'homme étant revenu à soi considère ce qu'il est au prix de ce qui est ; qu'il se regarde comme égaré dans ce canton détourné de la nature ; et que de ce petit cachot où il se trouve logé, j'entends l'univers, il apprenne à estimer la terre, les royaumes, les villes et soi-même son juste prix.

*
* *

Il est dangereux de trop faire voir à l'homme combien il est égal aux bêtes, sans lui montrer sa grandeur. Il est encore plus dangereux de lui trop faire voir sa grandeur sans sa bassesse. Il est encore plus dangereux de lui laisser ignorer l'un et l'autre. Mais il est très-avantageux de lui représenter l'un et l'autre.

*
* *

L'homme ne sait à quel rang se mettre. Il est visiblement égaré et tombé de son vrai lieu sans le pouvoir retrouver. Il le cherche partout avec inquiétude et sans succès dans des ténèbres impénétrables.

*
* *

Saint Augustin nous apprend qu'il y a dans chaque homme un serpent, une Eve et un Adam. Le serpent sont les sens et notre nature; l'Eve est l'appétit concupiscible, et l'Adam est la raison. La nature nous tente continuellement, l'appétit concupiscible désire souvent; mais le péché n'est pas achevé, si la raison ne consent.

*
* *

L'homme est assurément trop infirme pour pouvoir juger sainement de la suite des choses futures. Espérons donc en Dieu, et ne nous fatiguons pas par des prévoyances indiscrètes et téméraires. Remettons-nous à Dieu pour la conduite de nos vies, et que le plaisir ne soit pas dominant en nous.

*
* *

Nous avons une si grande idée de l'âme de l'homme, que nous ne pouvons souffrir d'en être méprisés et de n'être pas dans l'estime d'une âme; et toute la fidélité de l'homme consiste dans cette estime.

La plus grande bassesse de l'homme est la recherche de la gloire, mais c'est cela même qui est la plus grande marque de son excellence; car, quelque possession qu'il ait sur la terre, quelque santé et commodité essentielle qu'il ait, il n'est pas satisfait s'il n'est dans l'estime des hommes. Il estime si grande la raison de l'homme, que, quelque avantage qu'il ait sur la terre, s'il n'est placé avantageusement aussi dans la raison de l'homme, il n'est pas content. C'est la plus belle place du monde : rien ne peut la détourner de ce désir, et c'est la qualité la plus ineffable du cœur humain.

Et ceux qui méprisent le plus les hommes, et qui les égalent aux bêtes, encore veulent-ils en être admirés et crus, et se contredisent à eux-mêmes par leur propre sentiment : leur nature, qui est plus forte que tout, les convainquant de la grandeur de l'homme plus fortement que la raison ne les convainc de leur bassesse.

*
* *

Malgré la vue de toutes nos misères qui nous touchent, qui nous tiennent à la gorge, nous avons un instinct que nous ne pouvons réprimer, qui nous élève.

*
* *

Que l'homme maintenant s'estime son prix. Qu'il s'aime, car il a en lui une nature capable de bien; mais qu'il n'aime pas pour cela les bassesses qui y sont. Qu'il se méprise, parce que cette capacité est vide; mais qu'il ne méprise pas pour cela cette capacité naturelle. Qu'il se haïsse, qu'il s'aime : il a en lui la capacité de connaître la vérité et d'être heureux; mais il n'a point de vérité, ou constante, ou satisfaisante.

Je voudrais donc porter l'homme à désirer d'en trouver, à être prêt et dégagé des passions pour la suivre où il la trouvera; sachant combien sa connaissance s'est obscurcie par les passions, je voudrais bien qu'il haïsse en soi la concupiscence qui le détermine d'elle-même, afin qu'elle ne l'aveuglât point pour faire son choix, et qu'elle ne l'arrêtât point quand il aura choisi.

***

Le commun des hommes met le bien dans la fortune et dans les biens du dehors, ou au moins dans le divertissement. Les philosophes ont montré la vanité de tout cela et l'ont mis où ils ont pu.

***

Il est bon d'être lassé et fatigué par l'inutile recherche du vrai bien, afin de tendre les bras au libérateur.

***

La grandeur de l'homme est grande en ce qu'il se connaît misérable. Un arbre ne se connaît pas misérable. C'est donc être misérable que de se connaître misérable; mais c'est être grand que de connaître qu'on est misérable. Toutes ces misères-là même prouvent sa grandeur. Ce sont misères de grand seigneur, misères d'un roi dépossédé.

***

Nous souhaitons la vérité, et nous ne trouvons en nous qu'incertitude. Nous recherchons le bonheur et ne trouvons que misère et mort. Nous sommes incapables de ne pas souhaiter la vérité et le bonheur, et ne sommes capables ni de certitude ni de bonheur. Ce désir nous est laissé tant pour nous punir que pour nous faire sentir d'où nous sommes tombés.

***

Si l'homme n'est fait pour Dieu, pourquoi n'est-il heureux qu'en Dieu? Si l'homme est fait pour Dieu, pourquoi est-il si contraire à Dieu?

***

S'il se vante, je l'abaisse; s'il s'abaisse, je le vante; et le contredis toujours, jusqu'à ce qu'il comprenne qu'il est un monstre incompréhensible.

*
* *

La concupiscence nous est devenue naturelle et a fait notre seconde nature. Ainsi il y a deux natures en nous : l'une bonne, l'autre mauvaise. Où est Dieu? où vous n'êtes pas, et le royaume de Dieu est dans vous.

*
* *

Qu'est-ce que l'homme dans la nature? Un néant à l'égard de l'infini, un tout à l'égard du néant : un milieu entre rien et tout. Infiniment éloigné de comprendre les extrêmes, la fin des choses et leur principe sont pour lui invinciblement cachés dans un secret impénétrable, également incapables de voir le néant d'où il est tiré et l'infini où il est englouti.

*
* *

Connaissons donc notre portée ; nous sommes quelque chose et ne sommes pas tout. Ce que nous avons d'être nous dérobe la connaissance des premiers principes qui naissent du néant, et le peu que nous avons d'être nous cache la vue de l'infini. Notre intelligence tient, dans l'ordre des choses intelligibles, le même rang que notre corps dans l'étendue de la nature. Borné en tout genre, cet état qui tient le milieu entre deux extrêmes se trouve en toutes nos puissances.

Nos sens n'aperçoivent rien d'extrême. Trop de bruit nous assourdit; trop de lumière éblouit, trop de distance et trop de proximité empêche la vue; trop de longueur et trop de brièveté du discours l'obscurcit; trop de vérité nous étonne : j'en sais qui ne peuvent comprendre que qui de zéro ôte 4 reste zéro. Les premiers principes ont trop d'évidence pour nous. Trop de plaisir incommode. Trop de consonnances déplaisent dans la musique; et trop de bienfaits irritent : nous voulons avoir de quoi surpayer la dette.

*
* *

L'homme a rapport à tout ce qu'il connaît. Il a besoin de lieu pour le contenir, de temps pour durer, de mouvement pour vivre, d'élément pour le composer, de chaleur et d'aliments pour le nourrir, d'air pour respirer. Il voit la lumière, il sent les corps; enfin tout tombe sous son alliance. Il faut donc, pour connaître l'homme, savoir d'où vient qu'il a besoin d'air pour subsister; et pour connaître l'air, savoir par où il a rapport à la vie de l'homme.

*
* *

L'homme est à lui-même le plus prodigieux objet de la nature; car il ne peut concevoir ce que c'est que corps, et encore moins ce que c'est qu'esprit, et moins qu'aucune chose comment un corps peut être uni avec un esprit. C'est là le comble de ses difficultés, et cependant c'est son propre être.

JÉSUS-CHRIST.

Jésus-Christ est l'objet de tout et le centre où tout tend. Qui le connaît, connaît la raison de toutes choses. Ceux qui s'égarent ne s'égarent que parce qu'il leur manque de voir une de ces deux choses. On peut donc bien connaître Dieu sans sa misère et sa misère sans Dieu; mais on ne peut connaître Jésus-Christ sans connaître tout ensemble et Dieu et sa misère.

*
* *

Jésus-Christ pour tous, Moïse pour un peuple. Aussi c'est à Jésus-Christ d'être universel. L'Eglise même n'offre le sacrifice que pour les fidèles. Jésus-Christ a offert celui de la croix pour tous.

* *
*

Quel homme eut jamais plus d'éclat? Le peuple juif tout entier le prédit avant sa venue. Le peuple gentil l'adore après sa venue. Les deux peuples gentil et juif le regardent comme leur centre. Et cependant quel homme jouit jamais moins de cet éclat? De trente-trois ans, il en vit trente sans paraître. Dans trois ans, il passe pour un imposteur; les prêtres et les principaux le rejettent; ses amis et ses plus proches le méprisent. Enfin il meurt trahi par un des siens, renié par l'autre, et abandonné par tous. Quelle part a-t-il donc à cet éclat? Jamais homme n'a eu tant d'éclat; jamais homme n'a eu plus d'ignominie. Tout cet éclat n'a servi qu'à nous, pour nous le rendre méconnaissable; et il n'en a rien eu pour lui.

***

Jésus-Christ est un Dieu dont on s'approche sans orgueil, et sous lequel on s'abaisse sans désespoir.

***

Jésus-Christ n'a pas voulu être tué sans les formes de la justice, car il est bien plus ignominieux de mourir par justice que par une sédition injuste.

***

Je considère Jésus-Christ en toutes les personnes et en nous-mêmes. Jésus-Christ comme père en son Père. Jésus-Christ comme frère en ses frères. Jésus-Christ comme pauvre en les pauvres. Jésus-Christ comme riche en les riches. Jésus-Christ comme docteur et prêtre en les prêtres. Jésus-Christ comme souverain en les princes. Car il est, par sa gloire, tout ce qu'il y a de grand, étant Dieu; et est, par sa vie mortelle, tout ce qu'il y a de chétif et d'abject : pour cela il a pris cette malheureuse condition pour pouvoir être en toutes les personnes et modèle de toutes conditions.

***

La connaissance de Dieu sans celle de sa misère fait l'orgueil. La connaissance de sa misère sans celle de Dieu fait le désespoir. La connaissance de Jésus-Christ fait le milieu, parce que nous y trouvons et Dieu et notre misère.

*
* *

Non-seulement nous ne connaissons Dieu que par Jésus-Christ, mais nous ne nous connaissons nous-mêmes que par Jésus-Christ. Nous ne connaissons la vie, la mort que par Jésus-Christ. Hors de Jésus-Christ nous ne savons ce que c'est ni que notre vie, ni que notre mort, ni que Dieu, ni que nous-mêmes. Ainsi sans l'Ecriture qui n'a que Jésus-Christ pour objet, nous ne connaissons rien et ne voyons qu'obscurité et confusion dans la nature de Dieu et dans la propre nature.

*
* *

Jésus-Christ a dit les choses grandes si simplement, qu'il semble qu'il ne les a pas pensées ; et si nettement néanmoins qu'on voit bien ce qu'il en pensait. Cette clarté jointe à cette naïveté est admirable.

*
* *

Les Juifs le refusent, mais non pas tous. Les saints le reçoivent et non les charnels. Et tant s'en faut que cela soit contre sa gloire, que c'est le dernier trait qui l'achève. Comme la raison qu'ils en ont, et la seule qui se trouve dans leurs écrits, dans le Talmud et dans les rabbins, n'est que parce que Jésus-Christ n'a pas dompté les nations en main armée, *gladium tuum potentissime :* n'ont-ils que cela à dire ?

*
* *

Après que bien des gens sont venus devant, il est venu enfin Jésus-Christ dire : Me voici et voici le temps; ce que les prophètes ont dit devoir advenir dans la suite des temps, je vous dis que mes apôtres le vont faire. Les Juifs vont être rebutés. Hiérusalem sera bientôt détruite, et les païens vont entrer dans la connaissance de Dieu. Mais les apôtres le vont faire après que vous aurez tué l'héritier de la vigne. Et puis les apôtres ont dit aux Juifs : Vous allez entrer dans la connaissance de Dieu, et cela est arrivé alors.

*
* *

Faire les petites choses comme grandes à cause de la majesté de Jésus-Christ qui les fait en nous et qui vit notre vie, et les grandes comme petites et aisées à cause de sa toute-puissance.

*
* *

Tout homme peut faire ce qu'a fait Mahomet ; car il n'a point fait de miracles, il n'a point été prédit. Nul homme ne peut faire ce qu'a fait Jésus-Christ.

*
* *

Jésus-Christ est venu aveugler ceux qui voyaient clair et donner la vue aux aveugles; guérir les malades et laisser mourir les sains ; appeler à pénitence et justifier les pécheurs et laisser les justes dans leurs péchés; remplir les indigents et laisser les riches vides.

*
* *

Jésus-Christ, sans bien et sans aucune production au dehors de science, est dans son ordre de sainteté. Il n'a point donné d'invention, il n'a point régné; mais il a été humble, patient, saint, saint, saint à Dieu, terrible aux démons, sans aucun péché. O qu'il est venu en grande pompe et en une prodigieuse magnificence aux yeux du cœur et qui voient la sagesse!

*
* *

Il eût été inutile à Archimède de faire le prince dans ses livres de géométrie. Il eût été inutile à Notre-Seigneur Jésus-Christ, pour éclater dans son règne de sainteté, de venir en roi; mais il est bien venu avec l'éclat de son ordre.

*
* *

Il est bien ridicule de se scandaliser de la bassesse de Jésus-Christ, comme si cette bassesse était du même ordre duquel est la grandeur qu'il venait de faire paraître. Qu'on considère cette grandeur-là dans sa vie, dans sa passion, dans son obscurité, dans sa mort, dans l'élection des siens, dans leur abandon, dans sa secrète résurrection, et dans le reste : on la verra si grande, qu'on n'aura pas sujet de se scandaliser d'une bassesse qui n'y est pas.

*
* *

L'hypothèse des apôtres fourbes est bien absurde. Qu'on la suive tout au long ; qu'on s'imagine ces douze hommes assemblés après la mort de Jésus-Christ, faisant le complot de dire qu'il est ressuscité : ils attaquent par là toutes les puissances. Le cœur des hommes est étrangement penchant à la légèreté, au changement, aux promesses, aux biens. Si peu qu'un de ceux-là se fût démenti par tous ces attraits, et, qui plus est, par les prisons, par les tortures et par la mort, ils étaient perdus. Qu'on suive cela.

*
* *

Les apôtres ont été trompés ou trompeurs : l'un ou l'autre est difficile; car il n'est pas possible de prendre un homme pour être ressuscité. Tandis que Jésus-Christ était avec eux, il les pouvait soutenir. Mais après cela, s'il ne leur est apparu, qui les a fait agir ?

*
* *

Qui a appris aux évangélistes les qualités d'une âme parfaitement héroïque, pour la peindre si parfaitement en Jésus-Christ ? Pourquoi le font-ils faible dans son agonie? Ne savent-ils pas peindre une mort constante? Oui, car le même saint Luc peint celle de saint Etienne plus forte que celle de Jésus-Christ. Ils le font donc capable de crainte avant que la nécessité de mourir soit arrivée, et ensuite tout fort. Mais quand ils le font si troublé, c'est quand il se trouble lui-même; et quand les hommes le troublent, il est tout fort.

*
* *

Jésus-Christ vient dire aux hommes qu'ils n'ont point d'autres ennemis qu'eux-mêmes ; que ce sont leurs passions qui les séparent de Dieu; qu'il vient pour les détruire, et pour leur donner sa grâce, afin de faire d'eux tous une Eglise sainte. Qu'il vient ramener dans cette Eglise les païens et les Juifs; qu'il vient détruire les idoles des uns et la superstition des autres. A cela s'opposent tous les hommes non-seulement par l'opposition naturelle de la concupiscence, mais par-dessus tous, les rois de la terre s'unissent pour abolir cette religion naissante, comme cela avait été prédit. Tout ce qu'il y a de grand sur la terre s'unit : les savants, les sages, les rois. Les uns écrivent, les autres condamnent, les autres tuent. Et nonobstant toutes ces oppositions, ces gens simples et sans force résistent à toutes ces puissances et se soumettent même ces rois, ces savants, ces sages, et ôtent l'idolâtrie de toute la terre. Et tout cela se fait par la force qui l'avait prédit.

*
* *

Jésus-Christ n'a fait autre chose qu'apprendre aux hommes qu'ils s'aimaient eux-mêmes, et qu'ils étaient esclaves, aveugles, malades, malheureux et pécheurs; qu'il fallait qu'il les délivrât, éclairât, béatifiât et guérît; que cela se ferait en se haïssant soi-même, et en le suivant par la misère et la mort de la croix.

*
* *

Sans Jésus-Christ, il faut que l'homme soit dans le vice et dans la misère; avec Jésus-Christ l'homme est exempt de vice et de misère. En lui est toute notre félicité; hors de lui il n'y a que vice, misère, ténèbres, mort, désespoir.

*
* *

Jésus souffre dans sa passion les tourments que lui font les hommes; mais dans l'agonie il souffre les tourments qu'il se donne à lui-même. C'est un supplice d'une main non humaine, mais toute-puissante, et il faut être tout-puissant pour le soutenir.

*
* *

Jésus cherche quelque consolation au moins dans ses trois plus chers amis, et ils dorment. Il les prie de soutenir un peu avec lui, et ils le laissent avec une négligence entière, ayant si peu de compassion, qu'elle ne pouvait seulement les empêcher de dormir un moment. Et ainsi Jésus était délaissé seul à la colère de Dieu.

*
* *

Jésus est seul dans la terre, non-seulement qui ressente et partage sa peine, mais qui la sache : le ciel et lui sont seuls dans cette connaissance.

*
* *

Jésus est dans un jardin non de délices comme le premier Adam ; où il se perdit et tout le genre humain ; mais dans un de supplices où il s'est sauvé et tout le genre humain.

*
* *

Il souffre cette peine et cet abandon dans l'horreur de la nuit. Je crois que Jésus ne s'est jamais plaint que cette seule fois; mais alors il se plaint comme s'il n'eût plus pu contenir sa douleur excessive : Mon âme est triste jusqu'à la mort.

*
* *

Jésus cherche de la compagnie et du soulagement de la part des hommes. Cela est unique en toute sa vie, ce me semble. Mais il n'en reçoit point, car ses disciples dorment. Jésus sera en agonie jusqu'à la fin du monde : il ne faut pas dormir pendant ce temps-là.

*
* *

Jésus au milieu de ce délaissement universel et de ses amis choisis pour veiller avec lui, les trouvant dormant s'en fâche à cause du péril où ils exposent non lui mais eux-mêmes; et les avertit de leur propre salut et de leur bien avec une tendresse cordiale pour eux pendant leur ingratitude; et les avertit que l'esprit est prompt et la chair infirme.

*
* *

Jésus les trouvant encore dormant, sans que ni sa considération ni la leur les en eût retenus, il a la bonté de ne pas les éveiller, et les laisse dans leur repos.

*
* *

Jésus prie dans l'incertitude de la volonté du Père, et craint la mort; mais, l'ayant connue, il va au devant s'offrir à elle : *Eamus. Processit.*

*
* *

Jésus a prié les hommes, et n'en a pas été exaucé. Jésus, pendant que ses disciples dormaient, a opéré leur salut. Il l'a fait à chacun des justes pendant qu'ils dormaient et dans le néant avant leur naissance, et dans les péchés depuis leur naissance. Il ne prie qu'une fois que le calice passe et encore avec soumission; et deux fois qu'il vienne s'il le faut. Jésus dans l'ennui, Jésus voyant tous ses amis endormis et tous ses ennemis vigilants, se remet tout entier à son Père.

*
* *

Jésus s'arrache d'avec ses disciples pour entrer dans l'agonie; il faut s'arracher de ses plus proches et des plus intimes pour l'imiter. Jésus étant dans l'agonie et dans les plus grandes peines, prions plus longtemps.

*
* *

Considérons la mort en Jésus-Christ, et non pas sans Jésus-Christ. Sans Jésus-Christ elle est horrible, elle est détestable et l'horreur de la nature. En Jésus-Christ elle est tout autre; elle est aimable, sainte et la joie du fidèle. Tout est doux en Jésus-Christ jusqu'à la mort; et c'est pourquoi il a souffert et est mort pour sanctifier la mort et les souffrances : et que comme Dieu et comme homme, il a été tout ce qu'il y a de grand et tout ce qu'il y a d'abject, afin de sanctifier en soi toutes choses, excepté le péché, et pour être modèle de toutes les conditions.

*
* *

C'est un des grands principes du christianisme, que tout ce qui est arrivé à Jésus-Christ doit se passer dans l'âme et dans le corps de chaque chrétien; que comme Jésus-Christ a souffert durant sa vie mortelle, est mort à cette vie mortelle, est ressuscité d'une nouvelle vie, est monté au ciel et sied à la droite du Père; ainsi le corps et l'âme doivent souffrir, mourir, ressusciter, monter au ciel et seoir à la droite. Toutes ces choses s'accomplissent en l'âme durant cette vie, mais non pas dans le corps.

*
* *

Le cœur a son ordre; l'esprit a le sien, qui est par principes et démonstrations; le cœur en a un autre. On ne prouve pas qu'on doit être aimé, en exposant d'ordre les causes de l'amour : cela serait ridicule. Jésus-Christ, saint Paul, ont l'ordre de la charité, non de l'esprit; car ils voulaient échauffer, non instruire. Saint Augustin de même. Cet ordre consiste principalement à la digression sur chaque point qui a rapport à la fin, pour la montrer toujours.

*
* *

La plus grande des épreuves de Jésus-Christ sont les prophéties. C'est aussi à quoi Dieu a le plus pourvu; car l'événement qui les a remplies est un miracle subsistant depuis la naissance de l'Eglise jusques à la fin. Aussi Dieu a suscité des prophéties durant seize cents ans; et, pendant quatre cents ans après, il a dispersé toutes ces prophéties, avec tous les Juifs qui les portaient, dans tous les lieux du monde. Voilà quelle a été la préparation à la naissance de Jésus-Christ dont l'Evangile devant être cru de tout le monde, il a fallu non-seulement qu'il y ait eu des prophéties pour le faire croire, mais que ces prophéties fussent par tout le monde pour le faire embrasser par tout le monde.

*
* *

Quand un seul homme aurait fait un livre des prédictions de Jésus-Christ pour le temps et pour la manière, et que Jésus-Christ serait venu conformément à ces prophéties, ce serait une force infinie. Mais il y a bien plus ici. C'est une suite d'hommes, durant quatre mille ans, qui constamment et sans variation viennent l'un en suite de l'autre prédire ce même avènement. C'est un peuple tout entier qui l'annonce, et qui subsiste depuis quatre mille années pour rendre en corps témoignage des assurances qu'ils en ont, et dont ils ne peuvent être divertis par quelques menaces et persécutions qu'on leur fasse : ceci est tout autrement considérable.

*
* *

Le Messie a toujours été cru. La tradition d'Adam était encore nouvelle en Noé et en Moïse. Les prophètes l'ont prédit depuis, en prédisant toujours d'autres choses dont les événements, qui arrivaient de temps en temps à la vue des hommes, marquaient la vérité de leur mission et par conséquent celle de leurs promesses touchant le Messie. Jésus-Christ a fait des miracles, et les apôtres aussi qui ont converti tous les païens; et par là toutes les prophéties étant accomplies, le Messie est prouvé pour jamais.

*
* *

Tout ce qui est dans les hommes est abominable, et comme Dieu ne considère les hommes que par le médiateur Jésus-Christ, les hommes aussi ne devraient regarder ni les autres ni eux-mêmes que médiatement par Jésus-Christ. Car si nous ne passons par le milieu, nous ne trouvons en nous que de véritables malheurs ou des plaisirs abominables; mais si nous considérons toutes choses en Jésus-Christ, nous trouverons toute consolation, toute satisfaction, toute édification.

NATURE.

Notre nature est dans le mouvement : le repos entier est la mort.

*
* *

La nature recommence toujours les mêmes choses, les ans, les jours, les heures; les espaces de même, et les nombres sont bout à bout à la suite l'un de l'autre. Ainsi se fait une espèce d'infini et d'éternel. Ce n'est pas qu'il y ait rien de tout cela qui soit infini et éternel; mais ces êtres terminés se multiplient infiniment : ainsi il n'y a, ce me semble, que le nombre qui les multiplie qui soit infini.

*
* *

La nature s'imite. Une graine jetée en bonne terre produit. Un principe jeté dans un bon esprit produit. Les nombres imitent l'espace, qui sont de nature si différente. Tout est fait et conduit par un même maître : la racine, la branche, les fruits, les principes, les conséquences.

*
* *

La nature agit par progrès : *itus et reditus*. Elle passe et revient; puis va plus loin, puis deux fois moins, puis plus que jamais.

*
* *

La nature de l'homme n'est pas d'aller toujours. Elle a ses allées et venues. La fièvre a ses frissons et ses ardeurs ; et le froid montre aussi bien la grandeur de l'ardeur de la fièvre que le chaud même. Les inventions des hommes de siècle en siècle vont de même. La bonté et la malice du monde en général en est de même.

*
* *

Quand on est instruit, on comprend que la nature ayant gravé son image et celle de son auteur dans toutes choses, elles tiennent presque toutes de sa double infinité. C'est ainsi que nous voyons que toutes les sciences sont infinies en l'étendue de leurs recherches; car qui doute que la géométrie, par exemple, a une infinité d'infinités de propositions à exposer? Elles sont aussi infinies dans la multitude et la délicatesse de leurs principes; car qui ne voit que ceux qu'on propose pour les derniers ne se soutiennent pas d'eux-mêmes, et qu'ils sont appuyés sur d'autres qui en ayant d'autres pour appui ne souffriront jamais de dernier?

*
* *

Quand on se porte bien, on admire comment on pourrait faire si on était malade; quand on l'est, on prend médecine gaiement : le mal y résout. On n'a plus les passions et les désirs de divertissements et de promenades que la santé donnait, et qui sont incompatibles avec les nécessités de la maladie. La nature donne alors des passions et des désirs conformes à l'état présent. Il n'y a que les craintes que nous nous donnons nous-mêmes et non pas la nature, qui nous troublent; parce qu'elles joignent à l'état où nous sommes les passions de l'état où nous ne sommes pas.

*
* *

Ceux-là honorent bien la nature, qui lui apprennent qu'elle peut parler de tout, et même de théologie.

*
* *

La seule science qui est contre le sens commun et la nature des hommes est la seule qui ait toujours subsisté parmi les hommes.

*
* *

Pour moi, j'avoue qu'aussitôt que la religion chrétienne découvre ce principe : que la nature des hommes est corrompue et déchue de Dieu, cela ouvre les yeux à voir partout le caractère de cette vérité; car la nature est telle, qu'elle marque partout un Dieu perdu, et dans l'homme, et hors de l'homme.

*
* *

Je regarde de toutes parts et ne vois partout qu'obscurité. La nature ne m'offre rien qui ne soit matière de doute et d'inquiétude. Si je n'y voyais rien qui marquât une Divinité, je me déterminerais à n'en rien croire. Si je voyais partout les marques d'un Créateur, je reposerais en paix dans la foi. Mais voyant trop pour nier et trop peu pour m'assurer, je suis dans un état à plaindre, et où j'ai souhaité cent fois que si un Dieu la soutient, elle le marquât sans équivoque ; et que si les marques qu'elle en donne sont trompeuses, elle les supprimât tout à fait ; qu'elle dit tout ou rien, afin que je visse quel parti je dois suivre. Au lieu qu'en l'état où je suis, ignorant ce que je suis et ce que je dois faire, je ne connais ni ma condition ni mon devoir. Mon cœur tend tout entier à connaître où est le vrai bien, pour le suivre. Rien ne me serait trop cher pour l'éternité.

*
* *

La nature est une image de la grâce ; et les miracles visibles sont images des invisibles.

* *
*

Les impies qui s'abandonnent aveuglément à leurs passions sans connaître Dieu et sans se mettre en peine de le chercher, vérifient par eux-mêmes ce fondement de la foi qu'ils combattent : qui est que la nature des hommes est dans la corruption.

ORGUEIL.

La misère persuade le désespoir. L'orgueil persuade la présomption. L'Incarnation montre à l'homme la grandeur de sa misère, par la grandeur du remède qu'il a fallu.

*
* *

L'orgueil contre-pèse et emporte toutes les misères. Voilà un étrange monstre, et un égarement bien visible. Le voilà tombé de sa place; il la cherche avec inquiétude. C'est ce que tous les hommes font. Voyons qui l'aura trouvée. Sans examiner toutes les occupations particulières, il suffit de les comprendre sous le divertissement. Pour les philosophes, deux-cent quatre-vingt souverains biens. C'est tout ce qu'ils ont pu inventer pour se consoler de tant de maux. Mais c'est une consolation bien misérable, puisqu'elle va non pas à guérir le mal, mais à le cacher simplement pour un peu de temps, et qu'en le cachant elle fait qu'on ne pense pas à le guérir véritablement.

*
* *

Orgueil contre-pesant toutes les misères. Ou il cache ses misères; ou, s'il les découvre, il se glorifie de les connaître. Bassesse de l'homme : jusqu'à se soumettre aux bêtes, jusques à les adorer.

*
* *

L'orgueil nous tient d'une possession si naturelle au milieu de nos misères, erreurs, etc. Nous perdons encore la vie avec joie, pourvu qu'on en parle. Vanité, jeu, chasses, visites, comédies fausses, perpétuité de nom.

*
* *

La douceur de la gloire est si grande, qu'à quelque chose qu'on l'attache, même à la mort, on l'aime.

*
* *

C'est en vain, ô hommes, que vous cherchez dans vous-mêmes le remède à vos misères. Toutes vos lumières ne peuvent arriver que ce n'est point dans vous-mêmes que vous trouverez ni la vérité ni le bien. Les philosophes vous l'ont promis et ils n'ont pu le faire. Ils ne savent ni quel est votre véritable bien, ni quel est votre véritable état. Comment auraient-ils donné des remèdes à vos maux, puisqu'ils ne les ont pas seulement connus? Vos maladies principales sont l'orgueil, qui vous soustrait de Dieu, la concupiscence qui vous attache à la terre; et ils n'ont fait autre chose qu'entretenir au moins l'une de ces maladies. S'ils vous ont donné Dieu pour objet, ce n'a été que pour exercer votre superbe. Ils vous ont fait penser que vous lui étiez semblables et conformes par votre nature. Et ceux qui ont vu la vanité de cette prétention vous ont jeté dans l'autre précipice, en vous faisant entendre que votre nature était pareille à celle des bêtes, et vous ont porté à chercher votre bien dans les concupiscences qui sont le partage des animaux.

***

Il n'y a point de doctrine plus propre à l'homme que celle-là qui l'instruit de sa double capacité de recevoir et de perdre la grâce, à cause du double péril où il est toujours exposé de désespoir ou d'orgueil.

***

Le christianisme est étrange : il ordonne à l'homme de reconnaître qu'il est vil, et même abominable, et lui ordonne de vouloir être semblable à Dieu. Sans un tel contre-poids, cette élévation le rendrait horriblement abject.

RAISON.

Pour donner la certitude entière des matières les plus incompréhensibles à la raison, il suffit de les faire voir dans les livres sacrés; comme pour montrer l'incertitude des choses les plus vraisemblables, il faut seulement faire voir qu'elles n'y sont pas comprises; parce que ses principes sont au-dessus de la nature et de la raison, et que, l'esprit de l'homme étant trop faible pour y arriver par ses propres efforts, il ne peut parvenir à ces hautes intelligences s'il n'y est porté par une force toute-puissante et surnaturelle.

*
* *

La raison nous commande bien plus impérieusement qu'un maître : car en désobéissant à l'un, on est malheureux, et, en désobéissant à l'autre, on est un sot.

*
* *

Tout notre raisonnement se réduit à céder au sentiment. Mais la fantaisie est semblable et contraire au sentiment ; de sorte qu'on ne peut distinguer entre ces contraires. L'un dit que mon sentiment est fantaisie ; l'autre que sa fantaisie est sentiment. Il faudrait avoir une règle : la raison s'offre ; mais elle est ployable à tous sens, et ainsi il n'y en a point.

*
* *

La dernière démarche de la raison est de reconnaître qu'il y a une infinité de choses qui la surpassent. Elle n'est que faible, si elle ne va jusqu'à connaître cela.

*
* *

Deux excès : exclure la raison, n'admettre que la raison.

*
* *

Il faut savoir douter où il faut, assurer où il faut, et se soumettre où il faut. Qui ne fait ainsi, n'entend pas la force de la raison. Il y en a qui faillent contre ces trois principes, ou en assurant tout comme démonstratif, manque de se connaître en démonstration ; ou en doutant de tout, manque de savoir où il faut se soumettre ; ou en se soumettant en tout, manque de savoir où il faut juger.

*
* *

Les prophéties, les miracles mêmes et les preuves de notre religion ne sont pas de telle nature qu'on puisse dire qu'ils sont absolument convaincants. Mais ils le sont aussi de telle sorte qu'on ne peut dire que ce soit être sans raison que de les croire. Ainsi il y a de l'évidence et de l'obscurité, pour éclairer les uns et obscurcir les autres. Mais l'évidence est telle, qu'elle surpasse ou égale pour le moins l'évidence du contraire ; de sorte que ce n'est pas la raison qui puisse déterminer à ne la pas suivre; et ainsi ce ne peut être que la concupiscence et la malice du cœur. Et par ce moyen il y a assez d'évidence pour condamner et non assez pour convaincre; afin qu'il paraisse qu'en ceux qui la suivent c'est la grâce et non la raison qui fait suivre; et qu'en ceux qui la fuient c'est la concupiscence et non la raison qui fait fuir.

*
* *

Que fera donc l'homme en cet état? Doutera-t-il de tout? doutera-t-il s'il veille, si on le pince, si on le brûle? Doutera-t-il s'il doute? doutera-t-il s'il est? On n'en peut venir là ; et je mets en fait qu'il n'y a jamais eu de pyrrhonien effectif parfait. La nature soutient la raison impuissante, et l'empêche d'extravaguer jusqu'à ce point.

*
* *

Je n'entends pas que vous soumettiez votre créance à moi sans raison, et ne prétends pas vous assujettir avec tyrannie. Je ne prétends pas aussi vous rendre raison de toutes choses; et pour accorder ces contrariétés, j'entends vous faire voir clairement, par des preuves convaincantes, des marques divines en moi, qui vous convainquent de ce que je suis et m'attirent autorité par des merveilles et des preuves que vous ne puissiez refuser; et qu'ensuite vous croyiez sûrement les choses que je vous enseigne, quand vous n'y trouverez autre sujet de les refuser, sinon que vous ne pouvez par vous-mêmes connaître si elles sont ou non.

*
* *

La raison agit avec lenteur, et avec tant de vues sur tant de principes, lesquels il faut qu'ils soient toujours présents, qu'à toute heure elle s'assoupit et s'égare, manque d'avoir tous ses principes présents. Le sentiment n'agit pas ainsi; il agit en un instant, et toujours est prêt à agir. Il faut donc mettre notre foi dans le sentiment; autrement elle sera toujours vaccillante.

*
* *

Nous connaissons la vérité, non-seulement par la raison, mais encore par le cœur; c'est de cette dernière sorte que que nous connaissons les premiers principes, et c'est en vain que le raisonnement qui n'y a point de part, essaye de les combattre. Les pyrrhoniens, qui n'ont que cela pour objet, y travaillent inutilement. Nous savons que nous ne rêvons point, quelque impuissance où nous soyons de le prouver par raison; cette impuissance ne conclut autre chose que la faiblesse de notre raison, mais non pas l'incertitude de toutes nos connaissances, comme ils le prétendent. Car la connaissance des premiers principes, comme qu'il y a *espace, temps, mouvement, nombres*, est aussi ferme qu'aucune de celles que nos raisonnements nous donnent. Et c'est sur ses connaissances du cœur et de l'instinct qu'il faut que la raison s'appuie, et qu'elle y fonde tout son discours. Le cœur sent qu'il y a trois dimensions dans l'espace, et que les nombres sont infinis; et la raison démontre ensuite qu'il n'y a point deux nombres carrés dont l'un soit double de l'autre. Les principes se sentent, les propositions se concluent; et le tout avec certitude, quoique par différentes voies. Et il est aussi ridicule que la raison demande au cœur des preuves de ses premiers principes pour vouloir y consentir, qu'il serait ridicule que le cœur demandât à la raison un sentiment de toutes les propositions qu'elle démontre pour vouloir les recevoir.

*
* *

Cette impuissance ne doit donc servir qu'à humilier la raison qui voudrait juger de tout, mais non pas à combattre notre certitude, comme s'il n'y avait que la raison capable de nous instruire. Plût à Dieu que nous n'en eussions, au contraire, jamais besoin, et que nous connussions toutes choses par instinct et par sentiment! Mais la nature nous a refusé ce bien, et elle ne nous a, au contraire, donné que très-peu de connaissances de cette sorte; toutes les autres ne peuvent être acquises que par le raisonnement.

RELIGION.

La vraie nature de l'homme, son vrai bien et la vraie vertu et la vraie religion sont choses dont la connaissance est inséparable.

*
* *

La vraie religion enseigne nos devoirs; nos impuissances, orgueil et concupiscence; et les remèdes, humilité, mortification.

*
* *

Après avoir entendu toute la nature de l'homme, il faut, pour qu'une religion soit vraie, qu'elle ait connu notre nature : elle doit avoir connu la grandeur et la petitesse, et la raison de l'une et de l'autre. Qui l'a connue que la chrétienne? Nulle autre n'a connu que l'homme est la plus excellente créature. Les uns, qui ont bien connu la réalité de son excellence, ont pris pour lâcheté et pour ingratitude les sentiments bas que les hommes ont naturellement d'eux-mêmes; et les autres, qui ont bien connu combien cette bassesse est effective, ont traité d'une superbe ridicule ces sentiments de grandeur, qui sont aussi naturels à l'homme.

*
* *

Levez vos yeux vers Dieu, disent les uns : Voyez celui auquel vous ressemblez, et qui vous a fait pour l'adorer : vous pouvez vous rendre semblable à lui; la sagesse vous y égalera si vous voulez la suivre, et les autres disent : Baissez vos yeux vers la terre, chétif ver que vous êtes, et regardez les bêtes dont vous êtes le compagnon. Que deviendra donc l'homme? Sera-t-il égal à Dieu ou aux bêtes? Quelle effroyable distance! Que serons-nous donc? Qui ne voit partout cela que l'homme est égaré, qu'il est tombé de sa place, qu'il la cherche avec inquiétude, qu'il ne la peut plus retrouver? Et qui l'y adressera donc? Les plus grands hommes ne l'ont pu.

*
* *

Nulle autre religion n'a proposé de se haïr. Nulle autre religion ne peut donc plaire à ceux qui se haïssent et qui cherchent un être véritablement aimable. Et ceux-là, s'ils n'avaient jamais ouï parler de la religion d'un Dieu humilié, l'embrasseraient incontinent.

*
* *

La vraie religion doit avoir pour marque d'obliger à aimer son Dieu. Cela est bien juste. Et cependant aucune autre que la nôtre ne l'a ordonné; la nôtre l'a fait. Elle doit avoir encore connu la concupiscence et l'impuissance; la nôtre l'a fait. Elle doit y avoir apporté les remèdes : l'un est la prière. Nulle religion n'a demandé à Dieu de l'aimer et de le suivre.

*
* *

S'il y a un seul principe de tout, une seule fin de tout : tout pour lui; tout pour lui. Il faut donc que la vraie religion nous enseigne à n'adorer que lui et à n'aimer que lui. Mais comme nous nous trouvons dans l'impuissance d'adorer ce que nous ne connaissons pas et d'aimer autre chose que nous, il faut que la religion qui instruit de ces devoirs nous instruise aussi de ces impuissances, et qu'elle nous apprenne aussi les remèdes. Elle nous apprend que par un homme tout a été perdu et la liaison rompue entre Dieu et nous, et que par un homme la liaison est réparée. Nous naissons si contraires à cet amour de Dieu, et il est si nécessaire, qu'il faut que nous naissions coupables, ou Dieu serait injuste.

*
* *

Les grandeurs et les misères de l'homme sont tellement visibles, qu'il faut nécessairement que la véritable religion nous enseigne et qu'il y a quelque grand principe de grandeur en l'homme, et qu'il y a grand principe de misère. Il faut donc qu'elle nous rende raison de ces étonnantes contrariétés.

*
* *

Cette religion qui consiste à croire que l'homme est déchu d'un état de gloire et de communication avec Dieu en un état de tristesse, de pénitence et d'éloignement de Dieu, mais qu'après cette vie nous serons rétablis par un Messie qui devait venir, a toujours été sur la terre. Toutes choses ont passé, et celle-là a subsisté pour laquelle sont toutes les choses.

*
* *

Les autres religions, comme les païennes, sont plus populaires, car elles sont en extérieur; mais elles ne sont pas pour les gens habiles. Une religion purement intellectuelle serait plus proportionnée aux habiles; mais elle ne servirait pas au peuple. La seule religion chrétienne est proportionnée à tous, étant mêlée d'extérieur et d'intérieur. Elle élève le peuple à l'intérieur, et abaisse les superbes à l'extérieur, et n'est pas parfaite sans les deux; car il faut que le peuple entende l'esprit de la lettre, et que les habiles soumettent leur esprit à la lettre.

*
* *

Toute la conduite des choses doit avoir pour objet l'établissement et la grandeur de la religion; les hommes doivent avoir en eux-mêmes des sentiments conformes à ce qu'elle nous enseigne; et enfin elle doit être tellement l'objet et le centre où toutes choses tendent, que qui en saura les principes puisse rendre raison et de toute la nature de l'homme en particulier, et de toute la conduite du monde en général.

*
* *

On a beau dire, il faut avouer que la religion chrétienne a quelque chose d'étonnant! C'est parce que vous y êtes né, dira-t-on. Tant s'en faut, je me roidis contre par cette raison-là même, de peur que cette prévention ne me suborne. Mais, quoique j'y sois né, je ne laisse pas de le trouver ainsi.

*
* *

En voyant l'aveuglement et la misère de l'homme, et regardant tout l'univers muet, et l'homme sans lumière, abandonné à lui-même, et comme égaré dans ce recoin de l'univers, sans savoir qui l'y a mis, ce qu'il est venu y faire, ce qu'il deviendra en mourant, incapable de toute connaissance, j'entre en effroi comme un homme qu'on aurait porté endormi dans une île déserte et effroyable, et qui s'éveillerait sans connaître où il est, et sans moyen d'en sortir. Et sur cela j'admire comment on n'entre point en désespoir d'un si misérable état. Je vois d'autres personnes auprès de moi, de semblable nature : je leur demande s'ils sont mieux instruits que moi, et ils me disent que non ; et sur cela, ces misérables égarés ayant regardé autour d'eux, et ayant vu quelques objets plaisants, s'y sont donnés et s'y sont attachés. Pour moi, je n'ai pu y prendre d'attache, et considérant combien il y a plus d'apparence qu'il y a autre chose que ce que je vois, j'ai recherché si ce Dieu n'aurait point laissé quelques marques de soi. Je vois plusieurs religions contraires, et pourtant toutes fausses, excepté une. Chacune veut être crue par sa propre autorité et menace les incrédules. Je ne les crois donc pas là-dessus : chacun peut dire cela; chacun peut se dire prophète. Mais je vois la chrétienne où je trouve des prophéties; c'est ce que chacun ne peut pas faire.

*
* *

Ayant considéré d'où vient qu'il y a tant de faux miracles, de fausses révélations, de sortiléges, il m'a paru que la véritable cause est qu'il y en a de vrais; car il ne serait pas possible qu'il y eût tant de faux miracles s'il n'y en avait de vrais, ni tant de fausses révélations s'il n'y en avait de vraies, ni tant de fausses religions s'il n'y en avait une véritable. Car s'il n'y avait jamais eu de tout cela, il est comme impossible que les hommes se le fussent imaginé, et encore plus impossible que tant d'autres l'eussent cru. Mais comme il y a eu de très-grandes choses véritables, et qu'ainsi elles ont été crues par de grands hommes, cette impression a été cause que presque tout le monde s'est rendu capable de croire aussi les fausses. Et ainsi, au lieu de conclure qu'il n'y a point de vrais miracles, puisqu'il y en a tant de faux, il faut dire au contraire qu'il y a de vrais miracles, puisqu'il y en a tant de faux; et qu'il n'y en a de faux que par cette raison qu'il y en a de vrais; et qu'il n'y a même de fausses religions que parce qu'il y en a une vraie.

***

J'aurais bien plus peur de me tromper et de trouver que la religion chrétienne soit vraie, que non pas de me tromper en la croyant vraie.

***

Les hommes ont mépris pour la religion; ils en ont haine et peur qu'elle soit vraie. Pour guérir cela, il faut commencer par montrer que la religion n'est point contraire à la raison; ensuite, qu'elle est vénérable, en donner respect. La rendre ensuite aimable; faire souhaiter aux bons qu'elle fût vraie; et puis montrer qu'elle est vraie. Vénérable, parce qu'elle a bien connu l'homme. Aimable, parce qu'elle promet le vrai bien.

***

La religion est une chose si grande, qu'il est juste que ceux qui ne voudraient pas prendre la peine de la chercher, si elle est obscure, en soient privés. De quoi se plaint-on donc, si elle est telle qu'on la puisse trouver en la cherchant?

*
* *

Qui peut ne pas admirer et embrasser une religion qui connait à fond ce qu'on reconnait d'autant plus qu'on a plus de lumière?

VÉRITÉ.

On peut avoir trois principaux objets dans l'étude de la vérité : l'un, de la découvrir, quand on la cherche; l'autre, de la démontrer quand on la possède, le dernier, de la discerner d'avec le faux quand on l'examine.

*
* *

Lorsqu'on ne sait pas la vérité d'une chose, il est bon qu'il y ait une erreur commune qui fixe l'esprit des hommes, comme, par exemple, la lune à qui on attribue le changement des saisons, le progrès des maladies. Car la maladie principale de l'homme est la curiosité des choses qu'il ne peut savoir; et il ne lui est pas si mauvais d'être dans l'erreur que dans cette curiosité inutile.

*
* *

N'est-il pas vrai que nous haïssons la vérité et ceux qui nous la disent, et que nous aimons qu'ils se trompent à notre avantage, et que nous voulons être estimés d'eux autres que nous ne sommes en effet?

*
* *

Il y a différents degrés dans cette aversion pour la vérité; mais on peut dire qu'elle est dans tous en quelque degré, parce qu'elle est inséparable de l'amour-propre. C'est cette mauvaise délicatesse qui oblige ceux qui sont dans la nécessité de reprendre les autres, de choisir tant de détours et de tempéraments pour éviter de les choquer. Il faut qu'ils diminuent nos défauts, qu'ils fassent semblant de les excuser, qu'ils y mêlent des louanges et des témoignages d'affection et d'estime. Avec tout cela, cette médecine ne laisse pas d'être amère à l'amour-propre. Il en prend le moins qu'il peut et toujours avec dégoût, et souvent même avec un secret dépit contre ceux qui la lui présentent.

Il arrive de là que si on a quelque intérêt d'être aimé de nous, on s'éloigne de nous rendre un office qu'on sait nous être désagréable ; on nous traite comme nous voulons être traités ; nous haïssons la vérité : on nous la cache ; nous voulons être flattés : on nous flatte ; nous aimons à être trompés : on nous trompe.

C'est ce qui fait que chaque degré de bonne fortune qui nous élève dans le monde nous éloigne davantage de la vérité, parce qu'on appréhende plus de blesser ceux dont l'affection est plus utile et l'aversion plus dangereuse. Un prince sera la fable de toute l'Europe, et lui seul n'en saura rien. Je ne m'en étonne pas : dire la vérité est utile à celui à qui on la dit, mais désavantageux à ceux qui la disent parce qu'ils se font haïr. Or, ceux qui vivent avec les princes aiment mieux leurs intérêts que ceux du prince qu'ils servent ; et ainsi ils n'ont garde de lui procurer un avantage en se nuisant à eux-mêmes.

Ce malheur est sans doute plus grand et plus ordinaire dans les plus grandes fortunes ; mais les moindres n'en sont pas exemptes, parce qu'il y a toujours quelque intérêt à se faire aimer des hommes. Ainsi la vie humaine n'est qu'une illusion perpétuelle, on ne fait que s'entretromper et s'entre-flatter. Personne ne parle de nous en notre présence comme il en parle en notre absence. L'union qui est entre les hommes n'est fondée que sur cette mutuelle tromperie ; et peu d'amitiés subsisteraient si chacun savait ce que son ami dit de lui lorsqu'il n'y est pas, quoiqu'il en parle alors sincèrement et sans passion.

L'homme n'est donc que déguisement, que mensonge et hypocrisie, et en soi-même et à l'égard des autres. Il ne veut pas qu'on lui dise la vérité, il évite de la dire aux autres ; et toutes ces dispositions, si éloignées de la justice et de la raison ont une racine naturelle dans son cœur.

*
* *

Contradiction est une mauvaise marque de vérité. Plusieurs choses certaines sont contredites. Plusieurs fausses passent sans contradiction. Ni la contradiction n'est marque de fausseté ni l'incontradiction n'est marque de vérité.

*
* *

Il est donc vrai de dire que tout le monde est dans l'illusion ; car, encore que les opinions du peuple soient saines, elles ne le sont pas dans sa tête, car il pense que la vérité est où elle n'est pas. La vérité est bien dans leurs opinions , mais non pas au point où ils se figurent.

*
* *

Rien ne nous plaît dans le combat, mais non pas la victoire. On aime à voir les combats des animaux, non le vainqueur acharné sur le vaincu. Que voulait-on voir, sinon la fin de la victoire? Et dès qu'elle arrive, on en est soûl. Ainsi dans le jeu, ainsi dans la recherche de la vérité. On aime à voir dans les disputes le combat des opinions; mais de contempler la vérité trouvée, point du tout. Pour la faire remarquer avec plaisir, il faut la voir faire naître de la dispute.

*
* *

Comme Jésus-Christ est demeuré inconnu parmi les hommes, ainsi sa vérité demeure parmi les opinions communes sans différence à l'extérieur : ainsi l'eucharistie parmi le pain commun.

*
* *

Ce n'est point ici le pays de la vérité : elle erre inconnue parmi les hommes. Dieu l'a couverte d'un voile qui la laisse méconnaitre à ceux qui n'entendent pas sa voix. Le lieu est ouvert au blasphème, et même sur des vérités au moins bien apparentes. Si l'on publie les vérités de l'Evangile, on en publie de contraires, et on obscurcit les questions en sorte que le peuple ne peut discerner. Et on demande : Qu'avez-vous pour vous faire croire plutôt que les autres ? Quel signe faites-vous ? Vous n'avez que des paroles, et nous aussi. Si vous aviez des miracles ; bien. Cela est une vérité que la *doctrine doit être soutenue par les miracles*, dont on abuse pour blasphémer la doctrine. Et si les miracles arrivent, on dit que les *miracles ne suffisent pas sans la doctrine*, et c'est une autre vérité pour blasphémer les miracles.

*
* *

Jamais en la contention du vrai Dieu, de la vérité de la religion il n'est arrivé miracle du côté de l'erreur et non de la vérité.

*
* *

Les miracles et la vérité sont nécessaires, à cause qu'il faut convaincre l'homme entier en corps et en âme.

*
* *

En montrant la vérité, on la fait croire ; mais en montrant l'injustice des ministres, on ne la corrige pas. On assure la conscience en montrant la fausseté ; on n'assure pas la bourse en montrant l'injustice.

*
* *

On se fait une idole de la vérité même ; car la vérité hors de la charité n'est pas Dieu : c'est son image, et une idole qu'il ne faut point aimer, ni adorer ; et encore moins faut-il aimer ou adorer son contraire, qui est le mensonge.

*
* *

La justice et la vérité sont deux pointes si subtiles, que nos instruments sont trop émoussés pour y toucher exactement. S'ils y arrivent, ils en écachent la pointe, et appuient tout autour, plus sur le faux que sur le vrai.

*
* *

Je ne parle que des vérités de notre portée ; et c'est d'elles que je dis que l'esprit et le cœur sont comme les portes par où elles sont reçues dans l'âme, mais que bien peu entrent par l'esprit, au lieu qu'elles y sont introduites en foule par les caprices téméraires de la volonté, sans le conseil du raisonnement.

VIE.

Le dernier acte est sanglant, quelque belle que soit la comédie en tout le reste. On jette enfin de la terre sur la tête, et en voilà pour jamais.

*
* *

La vie tumultueuse est agréable aux grands esprits, mais ceux qui sont médiocres n'y ont aucun plaisir ; ils sont machines partout.

*
* *

La vie de l'homme est misérablement courte. On la compte depuis la première entrée dans le monde ; pour moi, je ne voudrais la compter que depuis la naissance de la raison et depuis qu'on commence à être ébranlé par la raison, ce qui n'arrive pas ordinairement avant vingt ans. Devant ce temps l'on est enfant ; et un enfant n'est pas un homme.

*
* *

La moitié de la vie se passant en sommeil, par notre propre aveu ou quoi qu'il nous en paraisse, nous n'avons aucune idée du vrai, tous nos sentiments étant alors des illusions. Qui sait si cette autre moitié de la vie où nous pensons veiller n'est pas un autre sommeil un peu différent du premier, dont nous nous éveillons quand nous pensons dormir ?

*
* *

La vie des chrétiens est un sacrifice continuel qui ne peut être achevé que par la mort.

PENSÉES DIVERSES.

* Voulez-vous qu'on croie du bien de vous? n'en dites jamais.

* Les rivières sont des chemins qui marchent, et qui portent où l'on veut aller.

* Diseur de bons mots, mauvais caractère.

* La dernière chose qu'on trouve en faisant un ouvrage, est de savoir celle qu'il faut mettre la première.

* L'on écrit souvent des choses que l'on ne prouve qu'en obligeant tout le monde à faire réflexion sur soi-même et à trouver la vérité dont on parle.

* On ne consulte que l'oreille parce qu'on manque de cœur.

* Les qualités d'esprit ne s'acquièrent point par l'habitude; on les perfectionne seulement. De là, il est aisé de voir que la délicatesse est un don de nature, et non pas une acquisition de l'art.

* Les hommes ont pris plaisir à se former une idée de l'agréable si élevé, que personne n'y peut atteindre. Jugeons-en mieux, et disons que ce n'est que le naturel avec une facilité et une vivacité d'esprit qui surprennent.

* L'éloquence continue ennuie.

* Il faut de l'agréable et du réel; mais il faut que cet agréable soit lui-même pris du vrai.

* L'éloquence est une peinture de la pensée; et ainsi ceux qui, après avoir peint ajoutent encore, font un tableau au lieu d'un portrait.

* L'éloquence est un art de dire les choses de telle façon, 1° que ceux à qui l'on parle puissent les entendre sans peine et avec plaisir; 2° qu'ils s'y sentent intéressés, en sorte que l'amour-propre les porte plus volontiers à y faire réflexion. Elle consiste donc dans une correspondance qu'on tâche d'établir entre l'esprit et le cœur de ceux à qui l'on parle d'un côté, et de l'autre les pensées et les expressions dont on se sert; ce qui suppose qu'on aura bien étudié le cœur de l'homme pour en savoir tous les ressorts et pour trouver ensuite les justes proportions du discours qu'on veut y assortir. Il faut se mettre à la place de ceux qui doivent nous entendre, et faire essai sur son propre cœur du tour qu'on donne à son discours, pour voir si l'un est fait pour l'autre et si l'on peut s'assurer que l'auditeur sera comme forcé de se rendre. Il faut se renfermer, le plus qu'il est possible, dans le simple naturel; ne pas faire grand ce qui est petit, ni petit ce qui est grand. Ce n'est pas assez qu'une chose soit belle, il faut qu'elle soit propre au sujet; qu'il n'y ait rien de trop, ni rien de manque.

* Il faut, en tout dialogue et discours, qu'on puisse dire à ceux qui s'en offensent: De quoi vous plaignez-vous?

* Il y en a qui parlent bien et qui n'écrivent pas bien. C'est que le lieu, l'assistance les échauffe et tire de leur esprit plus qu'ils n'y trouvent sans cette chaleur.

* Ceux qui font les antithèses en forçant les mots sont comme ceux qui font de fausses fenêtres pour la symétrie. Leur règle n'est pas de parler juste, mais de faire des figures justes.

* Quand on voit le style naturel, on est tout étonné et ravi ; car on s'attendait de voir un auteur, et on trouve un homme. Au lieu que ceux qui ont le goût bon et qui, en voyant un livre, croient trouver un homme, sont tout surpris de trouver un auteur : *Plus poetice quam humane locutus es.*

* Quand dans un discours se trouvent des mots répétés, et qu'essayant de les corriger, on les trouve si propres qu'on gâterait le discours, il les faut laisser : c'en est la marque ; et c'est là la part de l'envie qui est aveugle et qui ne sait pas que cette répétition n'est pas faute en cet endroit, car il n'y a point de règle générale.

* Un même sens change selon les paroles qu'il exprime. Les sens reçoivent des paroles leur dignité, au lieu de la leur donner.

* Ce n'est pas dans Montaigne, mais dans moi que je trouve tout ce que j'y vois.

* Ceux qui sont accoutumés à juger par le sentiment ne comprennent rien aux choses du raisonnement ; car ils veulent d'abord pénétrer d'une vue et ne sont point accoutumés à chercher les principes. Et les autres, au contraire, qui sont accoutumés à raisonner par principes, ne comprennent rien aux choses du sentiment, y cherchant des principes et ne pouvant voir d'une vue.

* En sachant la passion dominante de chacun, on est sûr de lui plaire ; et néanmoins chacun a ses fantaisies contraires à son propre bien, dans l'idée même qu'il a du bien, et c'est une bizarrerie qui met hors de gamme.

* Quand un discours naturel peint une passion ou un effet, on trouve dans soi-même la vérité de ce qu'on entend, laquelle on ne savait pas qu'elle y fût, en sorte qu'on est porté à aimer celui qui nous le fait sentir. Car il ne nous a pas fait montre de son bien, mais du nôtre, et ainsi ce bienfait nous le rend aimable, outre que cette communauté d'intelligence que nous avons avec lui incline nécessairement le cœur à l'aimer.

* Toutes les fausses beautés que nous blâmons en Cicéron ont des admirateurs, et en grand nombre.

* Certains auteurs, parlant de leurs ouvrages, disent : Mon livre, mon commentaire, mon histoire. Ils sentent leur bourgeois qui ont pignon sur rue, et toujours un *chez moi* à la bouche. Ils feraient mieux de dire : Notre livre, notre commentaire, notre histoire, vu que d'ordinaire il y a plus en cela du bien d'autrui que du leur.

* Peu de chose nous console, parce que peu de chose nous afflige.

* La mémoire est nécessaire pour toutes les opérations de l'esprit.

* Le silence éternel de ces espaces infinis m'effraye.

* Nous connaissons l'esprit des hommes, et par conséquent leurs passions, par la comparaison que nous faisons de nous-mêmes avec les autres.

* Comme on dit beauté poétique on devrait dire aussi beauté géométrique et beauté médicinale. Cependant on ne le dit point; et la raison en est qu'on sait bien quel est l'objet de la géométrie et qu'il consiste en preuves, et quel est l'objet de la médecine et qu'il consiste en la guérison; mais on ne sait pas en quoi consiste l'agrément qui est l'objet de la poésie. On ne sait ce que c'est que ce modèle naturel qu'il faut imiter; et à faute de cette connaissance, on a inventé de certains termes bizarres : *siècle d'or, merveille de nos jours, fatal,* etc; et on appelle ce jargon beauté poétique.

* Je n'ai jamais jugé d'une chose exactement de même. Je ne puis juger de mon ouvrage en le faisant : il faut que je fasse comme les peintres et que je m'en éloigne, mais non pas trop De combien donc ? Devinez.

* On ne passe point dans le monde pour se connaître en vers, si l'on n'a mis l'enseigne de poète; de mathématicien. Mais les gens universels ne veulent point d'enseigne, et ne mettent guère de différence entre le métier de poète et celui de brodeur. Les gens universels ne sont appelés ni poètes, ni géomètres; mais ils sont tout cela et jugent de tous ceux-là. On ne les devine point. Ils parleront de ce qu'on parlait quand ils sont entrés. On ne s'aperçoit point en eux d'une qualité plutôt que d'une autre, hors de la nécessité de la mettre en usage; mais alors on s'en souvient, car il est également de ce caractère qu'on ne dise point d'eux qu'ils parlent bien, lorsqu'il n'est pas question du langage, et qu'on dise d'eux qu'ils parlent bien, quand il en est question.

C'est donc une fausse louange qu'on donne à un homme, quand on dit de lui, lorsqu'il entre, qu'il est fort habile en poésie, et c'est une mauvaise marque, quand on n'a pas recours à un homme, quand il s'agit de juger de quelques vers.

* Il faut qu'on n'en puisse dire ni il est mathématicien, ni prédicateur, ni éloquent, mais il est honnête homme. Cette qualité universelle me plaît seule Quand, en voyant un homme, on se souvient de son livre, c'est mauvais signe : je voudrais qu'on ne s'aperçût d'aucune qualité que par la rencontre et l'occasion d'en user. *Ne quid nimis,* de peur qu'une qualité ne l'emporte et ne fasse baptiser. Qu'on ne songe point qu'il parle bien, sinon quand il s'agit de bien parler; mais qu'on y songe alors.

* Quand notre passion nous porte à faire quelque chose, nous oublions notre devoir Comme on aime un livre on le lit, lorsqu'on devrait faire autre chose. Mais pour s'en souvenir il faut se proposer de faire quelque chose qu'on hait, et lors on s'excuse sur ce qu'on a autre chose à faire et on se souvient de son devoir par ce moyen.

* Les hommes sont si nécessairement fous, que ce serait être fou par un autre tour de folie, de ne pas être fou.

* Les choses du monde les plus déraisonnables deviennent les plus raisonnables à cause du dérèglement des hommes. Qu'y a-t il de moins raisonnable que de choisir pour gouverner un Etat le premier fils d'une reine? L'on ne choisit pas

pour gouverner un bateau celui des voyageurs qui est de meilleure maison : cette loi serait ridicule et injuste. Mais parce qu'ils le sont et le seront toujours, elle devient raisonnable et juste ; car qui choisira-t-on? Le plus vertueux et le plus habile? Nous voilà incontinent aux mains : chacun prétend être ce plus vertueux et ce plus habile. Attachons donc cette qualité à quelque chose d'incontestable. C'est le fils aîné du roi. Cela est net, il n'y a point de dispute. La raison ne peut mieux faire, car la guerre civile est le plus grand des maux.

* La puissance des rois est fondée sur la raison et sur la folie du peuple, et bien plus sur la folie. La plus grande et importante chose du monde a pour fondement la faiblesse : et ce fondement-là est admirablement sûr ; car il n'y a rien de plus sûr que cela, que le peuple sera faible. Ce qui est fondé sur la saine raison est bien mal fondé, comme l'estime de la sagesse.

* Le monde juge bien des choses, car il est dans l'ignorance naturelle, qui est le vrai siège de l'homme. Les sciences ont deux extrémités qui se touchent : la première est la pure ignorance naturelle où se trouvent tous les hommes en naissant. L'autre extrémité est celle où arrivent les grandes âmes qui, ayant parcouru tout ce que les hommes peuvent savoir, trouvent qu'ils ne savent rien et se rencontrent en cette même ignorance d'où ils étaient partis. Mais c'est une ignorance savante qui se connaît. Ceux d'entre eux qui sont sortis de l'ignorance naturelle et n'ont pu arriver à l'autre, ont quelque teinture de cette science suffisante, et font les entendus. Ceux-là troublent le monde et jugent mal de tout. Le peuple et les habiles composent le train du monde. Ceux-là le méprisent et sont méprisés ; ils jugent mal de toutes choses et le monde en juge bien.

* La coutume de voir les rois accompagnés de gardes, de tambours, d'officiers, et de toutes les choses qui plient la machine vers le respect et la terreur, fait que leur visage, quand il est quelquefois seul et sans ces accompagnements, imprime dans leurs sujets le respect et la terreur, parce qu'on ne sépare pas dans la pensée leur personne d'avec leur suite, qu'on y voit d'ordinaire jointe. Et le monde, qui ne sait pas que cet effet a son origine dans cette coutume, croit qu'il vient d'une force naturelle ; et de là viennent ces mots : *Le caractère de la divinité est empreint sur son visage, etc.*

* Les cordes qui attachent le respect des uns envers les autres, en général sont cordes de nécessité ; car il faut qu'il y ait différents degrés, tous les hommes voulant dominer et tous ne le pouvant pas, mais quelques-uns le pouvant.

Figurons-nous donc que nous les voyons commencer à se former. Il est sans doute qu'ils se battront jusqu'à ce que la plus forte partie opprime la plus faible, et qu'enfin il y ait un parti dominant. Mais quand cela est une fois déterminé, alors les maîtres, qui ne veulent pas que la guerre continue, ordonnent que la force qui est entre leurs mains succèdera comme il plaît : les uns la remettent à l'élection des peuples, les autres à la succession de naissance.

Et c'est où l'imagination commence à jouer son rôle ; jusque-là le pouvoir force le fait ; ici c'est la force qui se tient par l'imagination en un certain parti, en France des gentilshommes, en Suisse des roturiers.

Ces cordes qui attachent donc le respect à tel et tel en particulier sont cordes d'imagination.

* Ces grands efforts de l'esprit où l'âme touche quelquefois sont choses où elle ne se tient pas. Elle y saute seulement; non, comme sur le trône, pour toujours, mais pour un instant seulement.

* L'homme n'est ni ange, ni bête; et le malheur veut que qui veut faire l'ange fait la bête.

* On se prend à la perfection même.

* Que l'on a bien fait de distinguer les hommes par l'extérieur, plutôt que par les qualités intérieures! Qui passera de nous deux? qui cèdera la place à l'autre? le moins habile? Mais je suis aussi habile que lui. Il faudra se battre sur cela. Il a quatre laquais, et je n'en ai qu'un : cela est visible; il n'y a qu'à compter; c'est à moi à céder, et je suis un sot si je conteste. Nous voilà en paix par ce moyen; ce qui est le plus grand des biens.

* C'est un grand avantage que la qualité qui, dès dix-huit ou vingt ans, met un homme en passe, connu et respecté, comme un autre pourrait avoir mérité à cinquante ans : c'est trente ans gagnés sans peine.

* Le respect est: Incommodez-vous. Cela est vain en apparence, mais très-juste; car c'est dire : je m'incommoderais bien si vous en aviez besoin, puisque je le fais bien sans que cela vous serve. Outre que le respect est pour distinguer les grands: or, si le respect était d'être en fauteuil, on respecterait tout le monde, et ainsi on ne distinguerait pas; mais étant incommodé on distingue fort bien.

* Les Suisses s'offensent d'être dits gentilshommes, et prouvent la roture de race pour être jugés dignes de grands emplois.

* Cromwell allait ravager toute la chrétienté: la famille royale était perdue, et la sienne à jamais puissante, sans un petit grain de sable qui se mit dans son uretère; Rome même allait trembler sous lui. Mais ce petit gravier s'étant mis là, il est mort, sa famille abaissée, tout en paix et le roi rétabli.

* Quel déréglement de jugement par lequel il n'y a personne qui ne se mette au-dessus de tout le reste du monde, et qui n'aime mieux son propre bien et la durée de son bonheur et de sa vie que celle de tout le reste du monde!

* A mesure qu'on a plus d'esprit, on trouve qu'il y a plus d'hommes originaux. Les gens du commun ne trouvent pas de différence entre les hommes.

* Il y a beaucoup de gens qui entendent le sermon de la même manière qu'ils entendent vêpres.

* Ce chien est à moi, disaient ces pauvres enfants; c'est là ma place au soleil : voilà le commencement et l'image de l'usurpation de toute la terre.

* C'est une plaisante chose à considérer, de ce qu'il y a des gens dans le monde, qui ayant renoncé à toutes les lois de Dieu et de la nature, s'en sont fait eux-mêmes auxquelles ils obéissent exactement, comme, par exemple, les soldats de Mahomet, les voleurs, les hérétiques, et ainsi les logiciens. Il semble que leur licence doive

être sans aucune borne ni barrière, voyant qu'ils en ont franchi tant de si justes et de si saintes.

* Quand il est question de juger si on doit faire la guerre et tuer tant d'hommes, condamner tant d'Espagnols à la mort, c'est un homme seul qui en juge, et encore intéressé ; ce devrait être un tiers indifférent.

* Il est nécessaire qu'il y ait de l'inégalité parmi les hommes : cela est vrai. Mais cela étant accordé, voilà la porte ouverte non-seulement à la plus haute domination, mais à la plus haute tyrannie. Il est nécessaire de relâcher un peu l'esprit, mais cela ouvre la porte aux plus grands débordements. Qu'on en marque les limites. Il n'y a point de bornes dans les choses . les lois y en veulent mettre, et l'esprit ne peut le souffrir.

* Les grands et les petits ont mêmes accidents et mêmes fâcheries et mêmes passions ; mais l'un est au haut de la roue, et l'autre près du centre et ainsi moins agité par les mêmes mouvements.

* La tyrannie est de vouloir avoir par une voie ce qu'on ne peut avoir que par une autre. On rend différents devoirs aux différents mérites : devoir d'amour à l'agrément, devoir de crainte à la force ; devoir de créance à la science. On doit rendre ces devoirs-là ; on est injuste de les refuser et injuste d'en demander d'autres. Et c'est de même être faux et tyran, de dire : Il n'est pas fort, donc je ne l'estimerai pas, il n'est pas habile, donc je ne le craindrai pas.

* La théologie est une science, mais en même temps combien est-ce de sciences ? Un homme est un suppôt ; mais si on l'anatomise, sera-ce la tête, le cœur, l'estomac, les veines, chaque veine, chaque portion de veine, le sang, chaque humeur de sang ?

Une ville, une campagne, de loin est une ville et une campagne ; mais à mesure qu'on s'approche, ce sont des maisons, des arbres, des tuiles, des feuilles, des herbes, des fourmis, des jambes de fourmi à l'infini. Tout cela s'enveloppe sous le nom de campagne

* Il y a des herbes sur la terre ; nous les voyons. De la lune on ne les verrait pas. Et sur ces herbes des poils et dans ces poils de petits animaux ; mais après cela plus rien. O présomptueux ! les mixtes sont composés d'éléments, et les éléments non. O présomptueux ! voici un trait délicat : il ne faut pas dire qu'il y a ce qu'on ne voit pas ; il faut dire comme les autres, mais non pas penser comme eux.

* Le temps guérit les douleurs et les querelles, parce qu'on change, on n'est plus la même personne. Ni l'offensant ni l'offensé ne sont plus eux-mêmes. C'est comme un peuple qu'on a irrité et qu'on reverrait après deux générations. Ce sont encore les Français, mais non les mêmes.

* Non-seulement nous regardons les choses par d'autres côtés, mais avec d'autres yeux : nous n'avons garde de les trouver pareilles.

* On croit toucher des orgues ordinaires en touchant l'homme. Ce sont des orgues à la vérité, mais bizarres, changeantes, variables, ne faisant pas d'accords.

* Les choses ont diverses qualités, et l'âme diverses inclinations, car rien n'est simple de ce qui s'offre à l'âme, et l'âme ne s'offre jamais simple à aucun sujet. De là vient qu'on pleure et qu'on rit quelquefois d'une même chose.

* Le sentiment de la fausseté des plaisirs présents, l'ignorance de la vanité des plaisirs absents, causent l'inconstance.

* Ce que peut la vertu d'un homme ne se doit pas mesurer par ses efforts, mais par son ordinaire.

* Je n'admire point l'excès d'une vertu, comme de la valeur, si je ne vois en même temps l'excès de la vertu opposée, comme en Epaminondas qui avait l'extrême valeur et l'extrême bénignité; car autrement ce n'est pas monter, c'est tomber. On ne montre pas sa grandeur pour être à une extrémité, mais bien en touchant les deux à la fois, et remplissant tout l'entre-deux.

Mais peut-être que ce n'est qu'un soudain mouvement de l'âme de l'un à l'autre de ces extrêmes, et qu'elle n'est jamais en effet qu'en un point, comme le tison du feu. Soit. Mais au moins cela marque l'agilité de l'âme, si cela n'en marque l'étendue.

* Ceux qui sont dans le dérèglement disent à ceux qui sont dans l'ordre que ce sont eux qui s'éloignent de la nature, et ils la croient suivre ; comme ceux qui sont dans un vaisseau croient que ceux qui sont au bord fuient Le langage est pareil de tous côtés. Il faut avoir un point fixe pour en juger. Le port juge ceux qui sont dans le vaisseau ; mais où prendrons-nous un point dans la morale ?

* Quand tout se remue également, rien ne se remue en apparence : comme en un vaisseau. Quand tous vont vers le dérèglement, nul ne semble y aller. Celui qui s'arrête fait remarquer l'emportement des autres, comme un point fixe.

* Le mal est aisé, il y en a une infinité; le bien presque unique. Mais un certain genre de mal est aussi difficile à trouver que ce qu'on appelle bien et souvent on fait passer pour bien à cette marque ce mal particulier. Il faut même une grandeur extraordinaire d'âme pour y arriver, aussi bien qu'au bien.

* Nous sommes si malheureux, que nous ne pouvons prendre plaisir à une chose qu'à condition de nous fâcher si elle réussit mal ; ce que mille choses peuvent faire et font à toute heure. Qui aurait trouvé le secret de se réjouir du bien sans se fâcher du mal contraire, aurait trouvé le point. C'est le mouvement perpétuel.

* L'homme est plein de besoins : il n'aime que ceux qui peuvent les remplir tous. C'est un bon mathématicien, dira-t-on, mais je n'ai que faire de mathématiques : il me prendrait pour une proposition. C'est un bon guerrier : il me prendrait pour une place assiégée. Il faut donc un honnête homme qui puisse s'accommoder à tous mes besoins généralement.

* Un vrai ami est une chose si avantageuse, même pour les plus grands seigneurs, afin qu'il dise du bien d'eux et qu'il les soutienne en leur absence même, qu'ils doivent tout faire pour en avoir. Mais qu'ils choisissent bien; car s'ils font tous leurs efforts pour des sots, cela leur sera inutile, quelque bien qu'ils disent d'eux ; et même ils n'en diront pas du bien, s'ils se trouvent les plus faibles, car ils n'ont pas d'autorité, et ainsi ils en médiront par compagnie

* Comme on se gâte l'esprit, on se gâte aussi le sentiment. On se forme l'esprit et le sentiment par les conversations. On se gâte l'esprit et le sentiment par les conversations. Ainsi les bonnes ou les mauvaises le forment ou le gâtent. Il importe donc, de tout, de bien savoir choisir pour se le former et ne le point gâter; et on ne peut faire ce choix, si on ne l'a déjà formé et point gâté. Ainsi cela fait un cercle d'où sont bienheureux ceux qui sortent.

* Quoique les personnes n'aient point d'intérêt à ce qu'elles disent, il ne faut pas conclure de là absolument qu'elles ne mentent point; car il y a des gens qui mentent simplement pour mentir.

* Le *moi* est haïssable.

* La science des choses extérieures ne me consolera pas de l'ignorance de la morale, au temps d'affliction; mais la science des mœurs me consolera toujours de l'ignorance des sciences extérieures.

* Nous nous connaissons si peu que plusieurs pensent aller mourir quand ils se portent bien; et plusieurs pensent se porter bien quand ils sont proches de mourir, ne sentant pas la fièvre prochaine ou l'abcès prêt à se former.

* J'avais passé longtemps dans l'étude des sciences abstraites, et le peu de communication qu'on en peut avoir m'en avait dégoûté. Quand j'ai commencé l'étude de l'homme, j'ai vu que ces sciences abstraites ne lui sont pas propres et que je m'égarais plus de ma condition en y pénétrant que les autres en les ignorant : j'ai pardonné aux autres d'y peu savoir. Mais j'ai cru trouver au moins bien des compagnons en l'étude de l'homme, et que c'est la vraie étude qui lui est propre. J'ai été trompé Il y en a encore moins qui l'étudient que la géométrie.

Ce n'est que manque de savoir étudier cela qu'on cherche le reste. Mais n'est-ce pas que ce n'est pas encore là la science que l'homme doit avoir, et qu'il lui est meilleur de l'ignorer pour être heureux ?

* Les choses qui nous tiennent le plus, comme de cacher son peu de bien, ce n'est souvent presque rien; c'est un néant que notre imagination grossit en montagne. Un autre tour d'imagination nous le fait découvrir sans peine.

* L'imagination grossit les objets jusqu'à en remplir notre âme par une estimation fantastique; et par une insolence téméraire elle amoindrit les grands jusqu'à sa mesure, comme en parlant de Dieu.

* Le temps et mes humeurs ont peu de liaison. Mon humeur ne dépend guère du temps. J'ai mes brouillards et mon beau temps au dedans de moi; le bien et le mal de mes affaires mêmes y font peu. Je m'efforce quelquefois de moi-même contre la fortune; la gloire de la dompter me la fait dompter gaîment; au lieu que je fais quelquefois le dégoûté dans la bonne fortune.

* L'esprit croit naturellement, et la volonté aime naturellement; de sorte que faute de vrais objets il faut qu'ils s'attachent aux faux.

* Si un animal faisait par esprit ce qu'il fait par instinct, et s'il parlait par esprit ce qu'il parle par instinct pour la chasse et pour avertir ses camarades que la proie

est trouvée ou perdue, il parlerait bien aussi pour des choses où il a plus d'affection, comme pour dire : Rongez cette corde qui me blesse et où je ne puis atteindre.

* Plaindre les malheureux n'est pas contre la concupiscence, au contraire : on est bien aise d'avoir à rendre ce témoignage d'amitié et à s'attirer la réputation de tendresse sans rien donner.

* Les belles actions cachées sont les plus estimables. Quand j'en vois quelques-unes dans l'histoire, elles me plaisent fort. Mais enfin elles n'ont pas été tout à fait cachées, puisqu'elles ont été sues : et quoiqu'on ait fait ce qu'on a pu pour les cacher, ce peu par où elles ont paru gâte tout : car c'est là le plus beau de les avoir voulu cacher.

* Toutes les bonnes maximes sont dans le monde : on ne manque qu'à les appliquer. Par exemple, on ne doute pas qu'il ne faille exposer sa vie pour défendre le bien public, et plusieurs le font; mais pour la religion, point.

* Quelle vanité que la peinture, qui attire l'admiration par la ressemblance des choses dont on n'admire pas les originaux !

* Deux visages semblables, dont aucun ne fait rire en particulier, font rire ensemble par leur ressemblance.

* Les discours d'humilité sont matière d'orgueil aux gens glorieux, et d'humilité aux humbles. Peu parlent de l'humilité humblement; peu, de la chasteté, chastement; peu, du pyrrhonisme, en doutant. Nous ne sommes que mensonge, duplicité, contrariété, et nous cachons et nous déguisons à nous-mêmes.

* La vanité est si ancrée dans le cœur de l'homme, qu'un soldat, un goujat, un cuisinier, un crocheteur se vante et veut avoir ses admirateurs; et les philosophes même en veulent. Et ceux qui écrivent contre veulent avoir la gloire d'avoir bien écrit; et ceux qui le lisent veulent avoir la gloire de l'avoir lu; et moi qui écris ceci, ai peut-être cette envie.

* Curiosité n'est que vanité. Le plus souvent on ne veut savoir que pour en parler. Autrement on ne voyagerait pas sur la mer pour ne jamais en rien dire, et pour le seul plaisir de voir, sans espérance d'en jamais communiquer.

Les villes par où l'on passe, on ne se soucie pas d'y être estimé; mais quand on y doit demeurer un peu de temps, on s'en soucie. Combien de temps faut-il? Un temps proportionné à notre durée vaine et chétive.

* Nous sommes si présomptueux que nous voudrions être connus de toute la terre, et même des gens qui viendront quand nous ne serons plus. Et nous sommes si vains, que l'estime de cinq ou six personnes qui nous environnent, nous amuse et nous contente.

* Il y a des vices qui ne tiennent à nous que par d'autres et qui, en ôtant le tronc, s'emportent comme des branches.

* Nous ne nous soutenons pas dans la vertu par notre propre force, mais par le contre-poids de deux vices supposés, comme nous demeurons debout entre deux vents contraires : ôtez un de ces vices, nous tombons dans l'autre.

* Jamais on ne fait le mal si pleinement et si gaiement que quand on le fait par conscience.

* Quand la malignité a la raison de son côté, elle devient fière et étale la raison en tout son lustre. Quand l'austérité ou le choix sévère n'a pas réussi au vrai bien et qu'il faut revenir à suivre la nature, elle devient fière par le retour.

* Ils disent que les éclipses présagent malheur, parce que les malheurs sont ordinaires ; de sorte qu'il arrive si souvent du mal, qu'ils devinent souvent ; au lieu que s'ils disaient qu'elles présagent bonheur, ils mentiraient souvent. Ils ne donnent le bonheur qu'à des rencontres du ciel rares. Ainsi ils manquent peu souvent à deviner.

* Je mets en fait que si tous les hommes savaient ce qu'ils disent les uns des autres, il n'y aurait pas quatre amis dans le monde. Cela paraît par les querelles que causent les rapports indiscrets qu'on en fait quelquefois.

* L'exemple de la chasteté d'Alexandre n'a pas tant fait de continents que celui de son ivrognerie a fait d'intempérants. Il n'est pas honteux de n'être pas aussi vertueux que lui, et il semble excusable de n'être pas plus vicieux que lui. On croit n'être pas tout à fait dans les vices du commun des hommes, quand on se voit dans les vices de ces grands hommes ; et cependant on ne prend pas garde qu'ils sont en cela du commun des hommes. On tient à eux par le bout par où ils tiennent au peuple, car quelque élevés qu'ils soient, sont-ils unis au moindre des hommes par quelque endroit. Ils ne sont pas suspendus en l'air tout abstraits de notre société. Non, non. S'ils sont plus grands que nous, c'est qu'ils ont la tête plus élevée ; mais ils ont les pieds aussi bas que les nôtres. Ils y sont tous à même niveau, et s'appuient sur la même terre ; et par cette extrémité ils sont aussi abaissés que nous, que les plus petits, que les enfants, que les bêtes.

* Quand on veut reprendre avec utilité, et montrer à un autre qu'il se trompe, il faut observer par quel côté il envisage la chose, car elle est vraie ordinairement de ce côté-là, et lui avouer cette vérité, mais lui découvrir le côté par où elle est fausse. Il se contente de cela, car il voit qu'il ne se trompait et qu'il manquait seulement à voir tous les côtés. Or on ne se fâche pas de ne pas tout voir, mais on ne veut pas être trompé ; et peut-être que cela vient de ce que naturellement l'homme ne peut tout voir et de ce que naturellement il ne se peut tromper dans le côté qu'il envisage, comme les appréhensions des sens sont toujours vraies.

* La mémoire, la joie, sont des sentiments ; et même les propositions géométriques deviennent sentiments, car la raison rend les sentiments naturels et les sentiments naturels s'effacent par la raison

* Craindre la mort hors du péril et non dans le péril, car il faut être homme.

* Mort soudaine seule à craindre ; et c'est pourquoi les confesseurs demeurent chez les grands.

* Quelle différence entre un soldat et un chartreux, quant à l'obéissance ! Car ils sont également obéissants et dépendants, et dans des exercices également pénibles. Mais le soldat espère toujours devenir maître, et ne le devient jamais, car les capitaines

et les princes mêmes sont toujours esclaves et dépendants; mais il l'espère toujours, et travaille toujours à y venir; au lieu que le chartreux fait vœu de n'être jamais que dépendant. Ainsi ils ne diffèrent pas dans la servitude perpétuelle que tous deux ont toujours, mais dans l'espérance que l'un a toujours, et l'autre jamais.

* Les raisons qui, étant vues de loin, semblent borner notre vue, quand on y est arrivé ne la bornent plus; on commence à voir au-delà.

* On ne s'ennuie pas de manger et dormir tous les jours, car la faim renaît et le sommeil. Sans cela on s'en ennuierait. Ainsi sans la faim des choses spirituelles, on s'en ennuie. Faim de la justice : Béatitude huitième.

* En écrivant ma pensée, elle m'échappe quelquefois; mais cela me fait souvenir de ma faiblesse, que j'oublie à toute heure; ce qui m'instruit autant que ma pensée oubliée, car je ne tends qu'à connaître mon néant.

* D'où vient qu'un boiteux ne nous irrite pas et un esprit boiteux nous irrite? A cause qu'un boiteux reconnaît que nous allons droit, et qu'un esprit boiteux dit que c'est nous qui boitons; sans cela nous en aurions pitié et non colère.

Epictète demande bien plus fortement pourquoi ne nous fâchons-nous pas si on nous dit que nous avons mal à la tête, et que nous nous fâchons de ce qu'on dit que nous raisonnons mal ou que nous choisissons mal.

Ce qui cause cela est que nous sommes bien certains que nous n'avons pas mal à la tête et que nous ne sommes pas boiteux : mais nous ne sommes pas si assurés que nous choisissons le vrai. De sorte que n'en ayant d'assurance qu'à cause que nous le voyons de toute notre vue, quand un autre voit de toute sa vue le contraire, cela nous met en suspens et nous étonne; et encore plus quand mille autres se moquent de notre choix, car il faut préférer nos lumières à celles de tant d'autres, et cela est hardi et difficile. Il n'y a jamais cette contradiction dans les sens touchant un boiteux.

L'homme est ainsi fait, qu'à force de lui dire qu'il est un sot, il le croit; et à force de se le dire à soi-même, on se le fait croire. Car l'homme fait lui seul une conversation intérieure qu'il importe de bien régler : *Corrumpunt mores bonos colloquia mala*. Il faut se tenir en silence autant qu'on peut et ne s'entretenir que de Dieu qu'on sait être la vérité; et ainsi on se le persuade à soi-même.

* Le peuple honore les personnes de grande naissance. Les demi-habiles les méprisent, disant que la naissance n'est pas un avantage de la personne, mais du hasard. Les habiles les honorent, non par la pensée du peuple, mais par la pensée de derrière. Les dévots, qui ont plus de zèle que de science, les méprisent malgré cette considération qui les fait honorer par les habiles, parce qu'ils en jugent par une nouvelle lumière que la piété leur donne. Mais les chrétiens les honorent par une autre lumière supérieure. Ainsi se vont les opinions, succédant du pour au contre, selon qu on a de lumière.

* Il faut avoir une pensée de derrière, et juger de tout par là : en parlant cependant comme le peuple.

* La faiblesse de l'homme est la cause de tant de beautés qu'on établit, comme de savoir jouer du luth. Ce n'est un mal qu'à cause de notre faiblesse.

* Cela est admirable : on ne veut pas que j'honore un homme vêtu de brocatelle et suivi de sept ou huit laquais ! Eh quoi ! il me fera donner les étrivières, si je ne le salue. Cet habit, c'est une force.

* Incrédules les plus crédules. Ils croient les miracles de Vespasien, pour ne pas croire ceux de Moïse

* Les athées doivent dire des choses parfaitement claires ; or il n'est point parfaitement clair que l'âme soit matérielle.

* Pour faire d'un homme un saint, il faut bien que ce soit la grâce ; et qui en doute ne sait ce que c'est que saint et qu'homme.

* On n'apprend pas aux hommes à être honnêtes hommes, et on leur apprend tout le reste ; et ils ne se piquent jamais tant de savoir rien du reste comme d'être honnêtes hommes. Ils ne se piquent de savoir que la seule chose qu'ils n'apprennent point.

* Les malingres sont gens qui connaissent la vérité, mais qui ne la soutiennent qu'autant que leur intérêt s'y rencontre ; mais hors de là ils l'abandonnent.

* Il n'est pas bon d'être trop libre. Il n'est pas bon d'avoir tout le nécessaire.

* Il y a une différence universelle et essentielle entre les actions de la volonté et toutes les autres.

* La volonté est un des principaux organes de la créance ; non qu'elle forme la créance, mais parce que les choses sont vraies ou fausses, selon la face par où on les regarde. La volonté, qui se plaît à l'une plus qu'à l'autre, détourne l'esprit de considérer les qualités de celles qu'elle n'aime pas à voir ; et ainsi l'esprit, marchant d'une pièce avec la volonté, s'arrête à regarder la face qu'elle aime et ainsi il en juge par ce qu il y voit.

* Quand je considère la petite durée de ma vie absorbée dans l'éternité précédent et suivant, le petit espace que je remplis, et même que je vois, abîmé dans l'infinie immensité des espaces que j'ignore et qui m'ignorent, je m'effraie et m'étonne de me voir ici plutôt que là ; car il n'y a point de raison pourquoi ici plutôt que là, pourquoi à présent plutôt que lors. Qu'y m'y a mis ? Par l'ordre et la conduite de qui ce lieu et ce temps a-t-il été destiné à moi ?

* Pourquoi ma connaissance est-elle bornée ? ma taille ? ma durée à cent ans plutôt qu'à mille ? Quelle raison a eue la nature de me la donner telle, et de choisir ce nombre plutôt qu'un autre dans l'infinité ?...

* Je porte envie à ceux que je vois dans la foi vivre avec tant de négligence, et qui usent si mal d'un don duquel il me semble que je ferais un usage si différent.

* Si c'est un aveuglement surnaturel de vivre sans chercher ce qu'on est, c'en est un terrible de vivre mal en croyant Dieu.

* Il faut se connaître soi-même ; quand cela ne servirait pas à trouver le vrai, cela au moins sert à régler sa vie, et il n'y a rien de plus juste.

* Une personne me disait un jour qu'elle avait une grande joie et confiance en

sortant de la confession. L'autre me disait qu'elle restait en crainte. Je pensai sur cela que de ces deux on en ferait un bon, et que chacun manquait en ce qu'il n'avait pas le sentiment de l'autre. Cela arrive souvent de même en d'autres choses.

* En chaque action, il faut regarder outre l'action notre état présent, passé, futur, et des autres à qui elle importe, et voir les liaisons de toutes ces choses. Et lors on sera bien retenu.

* Les exemples des morts généreuses des Lacédémoniens et autres ne nous touchent guère; car qu'est-ce que cela nous apporte? Mais l'exemple de la mort des martyrs nous touche; car ce sont nos membres. Nous avons un bien commun avec eux : leur résolution peut former la nôtre, non-seulement par l'exemple, mais parce qu'elle a peut-être mérité la nôtre. Il n'est rien de cela aux exemples des païens; nous n'avons point de liaison à eux; comme on ne devient pas riche pour voir un étranger qui l'est, mais bien pour voir son père ou son mari qui le soient.

* La volonté propre ne se satisfera jamais, quand elle aurait pouvoir de tout ce qu'elle veut; mais on est satisfait dès l'instant qu'on y renonce. Sans elle on ne peut être malcontent. Par elle on ne peut être content.

* Il y a cela de commun entre la vie ordinaire des hommes et celle des saints, qu'ils aspirent tous à la félicité; et ils ne diffèrent qu'en l'objet où ils la placent. Les uns et les autres appellent leurs ennemis ceux qui les empêchent d'y arriver.

Il faut juger de ce qui est bon ou mauvais par la volonté de Dieu, qui ne peut être ni injuste, ni aveugle, et non pas par la nôtre propre, qui est toujours pleine de malice et d'erreur.

* La véritable et unique vertu est de se haïr, car on est haïssable par sa concupiscence, et de chercher un être véritablement aimable pour l'aimer. Mais, comme nous ne pouvons aimer ce qui est hors de nous, il faut aimer un être qui soit en nous et qui ne soit pas nous, et cela est vrai d'un chacun de tous les hommes. Or il n'y a que l'Etre universel qui soit tel. Le royaume de Dieu est en nous, le bien universel est en nous, est nous-mêmes et n'est pas nous.

* Le monde ordinaire a le pouvoir de ne pas songer à ce qu'il ne veut pas songer. Ne pensez pas aux passages du Messie, disait le Juif à son fils. Ainsi font les nôtres souvent. Ainsi se conservent les fausses religions, et la vraie même à l'égard de beaucoup de gens. Mais il y en a qui n'ont pas le pouvoir de s'empêcher ainsi de songer, et qui songent d'autant plus qu'on leur défend. Ceux-là se défont des fausses religions, et de la vraie même s'ils ne trouvent des discours solides.

* Le plaisir des grands est de pouvoir faire des heureux. Le propre de la richesse est d'être donnée libéralement. Le propre de chaque chose doit être cherché. Le propre de la puissance est de protéger.

* Es-tu moins esclave pour être aimé et flatté de ton maître? Tu as bien du bien, esclave : ton maître te flatte. Il te battra tantôt.

* Puisqu'on ne peut être universel et savoir tout ce qui se peut savoir sur tout, il faut savoir peu de tout Car il est bien plus beau de savoir quelque chose de tout

que de savoir tout d'une chose ; cette universalité est la plus belle. Si on pouvait avoir les deux, encore mieux ; mais s'il faut choisir, il faut choisir celle-là, et le monde le sent et le fait, car le monde est un bon juge souvent.

* L'homme est né pour penser : aussi n'est-il pas un moment sans le faire ; mais les pensées pures, qui le rendraient heureux s'il pouvait toujours les soutenir, le fatiguent et l'accablent. C'est une vie unie à laquelle il ne peut s'accommoder ; il lui faut du remuement et de l'action.

* Il n'est pas juste que nous soyons sans douleur, comme des anges qui n'ont aucun sentiment de la nature ; mais il n'est pas juste aussi que nous soyons sans consolation, comme des païens qui n'ont aucun sentiment de la grâce ; mais il est juste que nous soyons affligés et consolés comme chrétiens, et que la consolation de la grâce l'emporte par-dessus les sentiments de la nature ; que nous disions, comme les apôtres : « Nous sommes persécutés et nous bénissons, » afin que la grâce soit non-seulement en nous, mais victorieuse en nous ; qu'ainsi, en sanctifiant le nom de notre Père, sa volonté soit faite la nôtre ; que sa grâce règne et domine sur la nature, et que nos afflictions soient comme la matière d'un sacrifice que sa grâce consume et anéantisse pour la gloire de Dieu ; et que ces sacrifices particuliers honorent et préviennent le sacrifice universel où la nature entière consommée par la puissance de Jésus-Christ.

* Une des plus solides et plus utiles charités envers les morts est de faire les choses qu'ils nous ordonneraient s'ils étaient encore au monde, et de pratiquer les saints avis qu'ils nous ont donnés, et de nous mettre pour eux en l'état auquel ils nous souhaitent à présent. Par cette pratique nous les faisons revivre en nous, en quelque sorte, puisque ce sont leurs conseils qui sont encore vivants et agissants en nous ; et comme les hérésiarques seront punis en l'autre vie des péchés auxquels ils ont engagé leurs sectateurs dans lesquels leur venin vit encore, ainsi les morts sont récompensés, outre leurs propres mérites, pour ceux auxquels ils ont donné suite par leurs conseils et leur exemple.

* Rien n'est si important à l'homme que son état ; rien ne lui est si redoutable que l'éternité. Et ainsi, qu'il se trouve des hommes indifférents à la perte de leur être et au péril d'une éternité de misères, cela n'est point naturel. Ils sont tout autres à l'égard de toutes les autres choses : ils craignent jusqu'aux plus légères, ils les prévoient, ils les sentent ; et ce même homme qui passe tant de jours et de nuits dans la rage et dans le désespoir pour la perte d'une charge, ou pour quelque offense imaginaire à son honneur, c'est celui-là même qui sait qu'il va tout perdre par la mort, sans inquiétude et sans émotion. C'est une chose monstrueuse de voir dans un même cœur et en même temps cette sensibilité pour les moindres choses et cette étrange insensibilité pour les grandes.

* On charge les hommes, dès l'enfance, du soin de leur honneur, de leur bien, de leurs amis, et encore du bien et de l'honneur de leurs amis. On les accable d'affaires, de l'apprentissage des langues et des sciences, et on leur fait entendre qu'ils ne sauraient être heureux sans que leur santé, leur honneur, leur fortune et celle de leurs amis, soient en bon état, et qu'une seule chose qui manque les rendrait

malheureux. Ainsi on leur donne des charges et des affaires qui les font tracasser dès la pointe du jour. Voilà, direz-vous, une étrange manière de les rendre heureux. Que pourrait-on faire de mieux pour les rendre malheureux? Comment! ce qu'on pourrait faire? Il ne faudrait que leur ôter tous ces soins; car alors ils se verraient, ils penseraient à ce qu'ils sont, d'où ils viennent, où ils vont; et ainsi on ne peut trop les occuper et les détourner; et c'est pourquoi après leur avoir tant préparé d'affaires, s'ils ont quelque temps de relâche, on leur conseille de l'employer à se divertir, à jouer et à s'occuper toujours tout entiers.

* L'homme est si malheureux qu'il s'ennuierait même sans aucune cause d'ennui, par l'état propre de sa complexion; et il est si vain qu'étant plein de mille causes essentielles d'ennui, la moindre chose comme un billard et une balle qu'il pousse suffisent pour le divertir.

* D'où vient que cet homme qui a perdu depuis peu de mois son fils unique, et qui, accablé de procès et de querelles, était ce matin si troublé, n'y pense plus maintenant? Ne vous en étonnez pas : il est tout occupé à voir par où passera ce sanglier que les chiens poursuivent avec tant d'ardeur depuis six heures. Il n'en faut pas davantage : l'homme, quelque plein de tristesse qu'il soit, si l'on peut gagner sur lui de le faire entrer en quelque divertissement, le voilà heureux pendant ce temps-là.

* Rien n'est si insupportable à l'homme que d'être dans un plein repos, sans passion, sans affaire, sans divertissement, sans application. Il sent alors son néant, son abandon, son insuffisance, sa dépendance, son impuissance, son vide. Incontinent il sortira du fond de son âme l'ennui, la noirceur, la tristesse, le chagrin, le dépit, le désespoir.

* Nous ne nous tenons jamais au temps présent. Nous anticipons l'avenir comme trop lent à venir, comme pour hâter son cours; ou nous rappelons le passé, pour l'arrêter comme trop prompt : si imprudents, que nous errons dans les temps qui ne sont pas nôtres, et ne pensons point au seul qui nous appartient; et si vains, que nous songeons à ceux qui ne sont plus rien, et échappons sans réflexion le seul qui subsiste. C'est que le présent d'ordinaire nous blesse. Nous le cachons à notre vue, parce qu'il nous afflige; et s'il nous est agréable, nous regrettons de le voir échapper. Nous tâchons de le soutenir par l'avenir, et pensons à disposer les choses qui ne sont pas en notre puissance pour un temps où nous n'avons aucune assurance d'arriver.

* Que chacun examine ses pensées, il les trouvera toujours occupées au passé et à l'avenir. Nous ne pensons presque point au présent; et si nous y pensons, ce n'est que pour en prendre la lumière pour disposer de l'avenir. Le présent n'est jamais notre fin; le passé et le présent sont nos moyens; le seul avenir est notre fin. Ainsi nous ne vivons jamais, mais nous espérons de vivre; et, nous disposant toujours à être heureux, il est inévitable que nous ne le soyons jamais.

* L'affection ou la haine changent la justice de face; et combien un avocat bien payé par avance trouve-t-il plus juste la cause qu'il plaide! combien son geste hardi le fait-il paraître aux juges dupés par cette apparence! Plaisante raison qu'un vent manie et à tout sens.

* L'imagination dispose de tout ; elle fait la beauté, la justice et le bonheur, qui est le tout du monde. Je voudrais de bon cœur voir le livre italien, dont je ne connais que le titre, qui vaut lui seul bien des livres, *Bella opinione, regina del mondo.* J'y souscris sans le connaître, sauf le mal, s'il y en a.

* La chose la plus importante à toute la vie, c'est le choix du métier. Le hasard en dispose. La coutume fait les maçons, soldats, couvreurs. C'est un excellent couvreur, dit-on ; et en parlant des soldats : Ils sont bien fous, dit-on. Et les autres, au contraire : Il n'y a rien de grand que la guerre ; le reste des hommes sont des coquins. A force d'ouïr louer en l'enfance ces métiers et mépriser tous les autres, on choisit ; car naturellement on aime la vertu et on hait la folie. Ces mots nous émeuvent : on ne pèche qu'en l'application. Tant est grande la force de la coutume que de ceux que la nature n'a fait qu'hommes, on fait toutes les conditions des hommes ; car des pays sont tous de maçons, d'autres tous de soldats. Sans doute que la nature n'est pas si uniforme. C'est la coutume qui fait donc cela, car elle contraint la nature ; et quelquefois la nature la surmonte et retient l'homme dans son instinct, malgré toute coutume bonne ou mauvaise.

* C'est sans doute un mal que d'être plein de défauts ; mais c'est encore un plus grand mal que d'en être plein et de ne les vouloir pas reconnaître, puisque c'est y ajouter encore celui d'une illusion volontaire. Nous ne voulons pas que les autres nous trompent ; nous ne trouvons pas juste qu'ils veuillent être estimés de nous plus qu'ils ne méritent : il n'est donc pas juste aussi que nous les trompions et que nous voulions qu'ils nous estiment plus que nous ne méritons.

* La grandeur de l'homme est si visible, qu'elle se tire même de sa misère. Car ce qui est nature aux animaux, nous l'appelons misère en l'homme, par où nous reconnaissons que la nature étant aujourd'hui pareille à celle des animaux, il est déchu d'une meilleure nature qui lui était propre autrefois.

Car qui se trouve malheureux de n'être pas roi, sinon un roi dépossédé ? Trouvait-on Paul Emile malheureux de n'être plus consul ? Au contraire, tout le monde trouvait qu'il était heureux de l'avoir été, parce que sa condition n'était pas de l'être toujours. Mais on trouvait Persée si malheureux de n'être plus roi, parce que sa condition était de l'être toujours, qu'on trouvait étrange de ce qu'il supportait la vie. Qui se trouve malheureux de n'avoir qu'une bouche ? et qui ne se trouvera malheureux de n'avoir qu'un œil ? On ne s'est peut-être jamais avisé de s'affliger de n'avoir pas trois yeux ; mais on est inconsolable de n'en point avoir.

* Toute la dignité de l'homme est en la pensée. La pensée est donc une chose admirable et incomparable par sa nature. Il fallait qu'elle eût d'étranges défauts, pour être méprisable. Mais elle en a de tels, que rien n'est plus ridicule. Qu'elle est grande par sa nature ! qu'elle est basse par ses défauts !

* Les philosophes ont consacré les vices en les mettant en Dieu même. Les chrétiens ont consacré les vertus.

* Il est dangereux de dire au peuple que les lois ne sont pas justes ; car il n'obéit qu'à cause qu'il les croit justes. C'est pourquoi il lui faut dire en même temps qu'il y faut obéir parce qu'elles sont lois, comme il faut obéir aux supérieurs,

non parce qu'ils sont justes, mais parce qu'ils sont supérieurs. Par là voilà toute sédition prévenue, si on peut faire entendre cela; et ce que c'est proprement que la définition de la justice.

* Les pères craignent que l'amour naturel des enfants ne s'efface. Quelle est donc cette nature sujette à être effacée? La coutume est une seconde nature qui détruit la première. Pourquoi la coutume n'est-elle pas naturelle? J'ai bien peur que cette nature ne soit elle-même qu'une première coutume, comme la coutume est une seconde nature.

* L'empire fondé sur l'opinion et l'imagination règne quelque temps, et cet empire est doux et volontaire . celui de la force règne toujours. Ainsi l'opinion est comme la reine du monde, mais la force en est le tyran.

* Si ce discours vous plaît et vous semble fort, sachez qu'il est fait par un homme qui s'est mis à genoux auparavant et après, pour prier cet Etre infini et sans parties, auquel il soumet tout le sien, de se soumettre aussi le vôtre pour votre propre bien et pour sa gloire; et qu'ainsi la force s'accorde avec cette bassesse.

* Il n'y a que la religion chrétienne qui rende l'homme aimable et heureux tout ensemble Dans l'honnêteté, on ne peut être aimable et heureux tout ensemble.

* Les pénitences extérieures disposent à l'intérieure, comme les humiliations à l'humilité

* Au lieu de vous plaindre de ce que Dieu s'est caché, vous lui rendrez grâces de ce qu'il s'est tant découvert, et vous lui rendrez grâces encore de ce qu'il ne s'est pas découvert aux sages superbes, indignes de connaître un Dieu si saint.

* Il est vrai qu'il y a de la peine en entrant dans la piété; mais cette peine ne vient pas de la piété qui commence d'être en nous, mais de l'impiété qui y est encore. Si nos sens ne s'opposaient pas à la pénitence, et que notre corruption ne s'opposât pas à la pureté de Dieu, il n'y aurait en cela rien de pénible pour nous. Nous ne souffrons qu'à proportion que le vice qui nous est naturel résiste à la grâce surnaturelle. Notre cœur se sent déchiré entre ces efforts contraires. Mais il serait bien injuste d'imputer cette violence à Dieu qui nous attire, au lieu de l'attribuer au monde qui nous retient. C'est comme un enfant que sa mère arrache d'entre les bras des voleurs, et qui doit aimer dans la peine qu'il souffre la violence amoureuse et légitime de celle qui procure sa liberté, et ne détester que la violence impérieuse et tyrannique de ceux qui le retiennent injustement. La plus cruelle guerre que Dieu puisse faire aux hommes en cette vie, est de les laisser sans cette guerre qu'il est venu apporter. *Je suis venu apporter la guerre*, dit-il; et pour instruire de cette guerre. *je suis venu apporter le fer et le feu*. Avant lui, le monde vivait dans une fausse paix.

* Les impies, qui s'abandonnent aveuglément à leurs passions sans connaître Dieu et sans se mettre en peine de le chercher, vérifient par eux-mêmes ce fondement de la foi qu'ils combattent · qui est que la nature des hommes est dans la corruption. Et les Juifs, qui combattent si opiniâtrement la religion chrétienne,

vérifient encore cet autre fondement de cette même foi qu'ils attaquent : qui est que Jésus-Christ est le véritable Messie, et qu'il est venu racheter les hommes, et les retirer de la corruption et de la misère où ils étaient, tant par l'état où on les voit aujourd'hui, et qui se trouve prédit dans les prophéties, que par ces mêmes prophéties qu'ils portent, et qu'ils conservent inviolablement comme les marques auxquelles on doit reconnaître le Messie.

* Tout l'éclat des grandeurs n'a point de lustre pour les gens qui sont dans les recherches de l'esprit.

* La grandeur des gens d'esprit est invisible aux rois, aux riches, aux capitaines, à tous ces grands de chair.

* Les grands génies ont leur empire, leur éclat, leur grandeur, leur victoire et leur lustre, et n'ont nul besoin des grandeurs charnelles où elles n'ont pas de rapport. Ils sont vus non des yeux, mais des esprits . c'est assez.

* Ce n'est pas une chose rare qu'il faille reprendre le monde de trop de docilité. C'est un vice naturel comme l'incrédulité, et aussi pernicieux Superstition.

* Il n'y a que trois sortes de personnes : les uns qui servent Dieu l'ayant trouvé, les autres qui s'emploient à le chercher, ne l'ayant pas trouvé, les autres qui vivent sans le chercher ni l'avoir trouvé Les premiers sont raisonnables et heureux ; les derniers sont fous et malheureux ; ceux du milieu sont malheureux et raisonnables.

* Il vaut mieux ne pas jeûner et en être humilié, que jeûner et en être complaisant

* Un portrait porte absence et présence, plaisir et déplaisir La réalité exclut absence et déplaisir

* Rien n'est si semblable à la charité que la cupidité, et rien n'y est si contraire. Ainsi les Juifs, pleins des biens qui flattaient leur cupidité, étaient très-conformes aux chrétiens et très-contraires. Et par ce moyen ils avaient les deux qualités qu'il fallait qu'ils eussent . d'être conformes au Messie pour le figurer, et très-contraires pour n'être pas témoins suspects.

* Qu'il est beau de voir par les yeux de la foi Darius et Cyrus, Alexandre, les Romains, Pompée et Hérode agir sans le savoir pour la gloire de l'Evangile !

* Personne n'ignore qu'il y a deux entrées, par où les opinions sont reçues dans l'âme, qui sont ces deux principales puissances : l'entendement et la volonté. La plus naturelle est celle de l'entendement, car on ne devrait jamais consentir qu'aux vérités démontrées ; mais la plus ordinaire, quoique contre la nature, est celle de la volonté, car tout ce qu'il y a d'hommes sont presque toujours emportés à croire non pas par la preuve, mais par l'agrément. Cette voie est basse, indigne, et étrangère aussi tout le monde la désavoue. Chacun fait profession de ne croire et même de n'aimer que ce qu'il sait le mériter.

* On se persuade mieux, pour l'ordinaire, par les raisons qu'on a soi-même trouvées que par celles qui sont venues dans l'esprit des autres.

* Les exemples qu'on prend pour prouver d'autres choses, si on voulait prouver

les exemples on prendrait les autres choses pour en être les exemples ; car, comme on croit toujours que la difficulté est à ce qu'on veut prouver, on trouve les exemples plus clairs et aidant à le montrer. Ainsi quand on veut montrer une chose générale, il faut en donner la règle particulière d'un cas ; mais si on veut montrer un cas particulier, il faudra commencer par la règle générale. Car on trouve toujours obscure la chose qu'on veut prouver, et claire celle qu'on emploie à la preuve ; car, quand on propose une chose à prouver, d'abord on se remplit de cette imagination qu'elle est donc obscure, et au contraire que celle qui doit la prouver est claire, et ainsi on l'entend aisément

* Rien n'est plus commun que les bonnes choses . il n'est question que de les discerner, il est certain qu'elles sont toutes naturelles et à notre portée, et même connues de tout le monde Mais on ne sait pas les distinguer Ceci est universel. Ce n'est pas dans les choses extraordinaires et bizarres que se trouve l'excellence de quelque genre que ce soit. On s'élève pour y arriver, et on s'en éloigne : il faut le plus souvent s'abaisser. Les meilleurs livres sont ceux que ceux qui les lisent croient qu'ils auraient pu faire. La nature, qui seule est bonne, est toute familière et commune

* Les mêmes pensées poussent quelquefois tout autrement dans un autre que dans leur auteur : infertiles dans leur champ naturel, abondantes étant transplantées Mais il arrive bien plus souvent qu'un bon esprit fait produire lui-même à ses propres pensées tout le fruit dont elles sont capables, et qu'ensuite quelques autres, les ayant ouï estimer, les empruntent et s'en parent, mais sans en connaître l'excellence · et c'est alors que la différence d'un même mot en diverses bouches paraît le plus.

* Ceux qui ont l'esprit de discernement savent combien il y a de différence entre deux mots semblables, selon les lieux et les circonstances qui les accompagnent. Croira-t-on, en vérité, que deux personnes qui ont lu et appris par cœur le même livre le sachent également, si l'un le comprend en sorte qu'il en sache tous les principes, la force des conséquences, les réponses aux objections qu'on y peut faire et toute l'économie de l'ouvrage, au lieu qu'en l'autre ce soient des paroles mortes et des semences qui, quoique pareilles à celles qui ont produit des arbres si fertiles, sont demeurées sèches et infructueuses dans l'esprit stérile qui les a reçues en vain ?

* Cet art que j'appelle l'*art de persuader*, et qui n'est proprement que la conduite des preuves méthodiques parfaites, consiste en trois parties essentielles : à définir les termes dont on doit se servir par des définitions claires, à proposer des principes ou axiomes évidents pour prouver la chose dont il s'agit, et à substituer toujours mentalement, dans la demonstration, les définitions à la place des définis

* Il y a deux sortes d'esprits : l'une de pénétrer vivement et profondément les conséquences des principes, et c'est là l'esprit de justesse ; l'autre, de comprendre un grand nombre de principes sans les confondre, et c'est là l'esprit de géométrie. L'un est force et droiture d'esprit. l'autre est amplitude d'esprit. Or l'un peut être

sans l'autre, l'esprit pouvant être fort et étroit, et pouvant être aussi ample et faible.

* Le respect que l'on porte à l'antiquité est aujourd'hui à tel point, dans les matières où il doit avoir moins de force, que l'on se fait des oracles de toutes ses pensées et des mystères même de ses obscurités ; que l'on ne peut plus avancer de nouveautés sans péril, et que le texte d'un auteur suffit pour détruire les plus fortes raisons.

* Les secrets de la nature sont cachés ; quoiqu'elle agisse toujours, on ne découvre pas toujours ses effets : le temps les révèle d'âge en âge, et quoique toujours égale en elle-même, elle n'est pas toujours également connue.

* Deux erreurs : 1° prendre tout littéralement, 2° prendre tout spirituellement.

* Entre nous est l'enfer ou le ciel, il n'y a que la vie entre deux, qui est la chose du monde la plus fragile.

FIN.

TABLE.

PREMIÈRE PARTIE.

DEUXIÈME PARTIE.

Tournai, typ. Vᵉ H. Casterman.

www.ingramcontent.com/pod-product-compliance
Ingram Content Group UK Ltd.
Pitfield, Milton Keynes, MK11 3LW, UK
UKHW020304180726
13839UKWH00001B/366